essentials

Essentials liefern aktuelles Wissen in konzentrierter Form. Die Essenz dessen, worauf es als „State-of-the-Art" in der gegenwärtigen Fachdiskussion oder in der Praxis ankommt. *Essentials* informieren schnell, unkompliziert und verständlich

- als Einführung in ein aktuelles Thema aus Ihrem Fachgebiet
- als Einstieg in ein für Sie noch unbekanntes Themenfeld
- als Einblick, um zum Thema mitreden zu können

Die Bücher in elektronischer und gedruckter Form bringen das Fachwissen von Springerautor*innen kompakt zur Darstellung. Sie sind besonders für die Nutzung als eBook auf Tablet-PCs, eBook-Readern und Smartphones geeignet. *Essentials* sind Wissensbausteine aus den Wirtschafts-, Sozial- und Geisteswissenschaften, aus Technik und Naturwissenschaften sowie aus Medizin, Psychologie und Gesundheitsberufen. Von renommierten Autor*innen aller Springer-Verlagsmarken.

Stefan Georg · Lara Joy Georg

Einfach nur Buchführung

Ein schneller Einstieg in das externe Rechnungswesen

Stefan Georg
Htw Saar
Saarbrücken, Saarland, Deutschland

Lara Joy Georg
Quierschied, Deutschland

ISSN 2197-6708 ISSN 2197-6716 (electronic)
essentials
ISBN 978-3-658-48739-3 ISBN 978-3-658-48740-9 (eBook)
https://doi.org/10.1007/978-3-658-48740-9

Die Deutsche Nationalbibliothek verzeichnet diese Publikation in der Deutschen Nationalbibliografie; detaillierte bibliografische Daten sind im Internet über https://portal.dnb.de abrufbar.

Planung/Lektorat: Catarina Gomes de Almeida
Springer Gabler ist ein Imprint der eingetragenen Gesellschaft Springer Fachmedien Wiesbaden GmbH und ist ein Teil von Springer Nature.
Die Anschrift der Gesellschaft ist: Abraham-Lincoln-Str. 46, 65189 Wiesbaden, Germany

Wenn Sie dieses Produkt entsorgen, geben Sie das Papier bitte zum Recycling.

Was Sie in diesem *essential* finden können

- Rechtliche und konzeptionelle Grundlagen der Buchführung
- Technik der Buchführung
- Buchungssätze zu erfolgsneutralen Geschäftsvorfällen
- Buchungssätze zu erfolgsrelevanten Geschäftsvorfällen
- Aufbau und Inhalt der Bilanz
- Aufbau und Inhalt der Gewinn- und Verlustrechnung

Vorwort

Sie halten gerade das Buch von Vater und Tochter in der Hand: Lara Joy Georg studiert seit dem Wintersemester 2024/2025 im Bachelorstudiengang Digitale Betriebswirtschaftslehre an der Universität des Saarlandes. Schnell bemerkte sie die Unterschiede zur vorangehenden Schulausbildung: Knapp 400 detailreiche Folien zur Buchführung wollen erst einmal verstanden und gelernt werden, ohne Vorkenntnisse im Bereich des Rechnungswesens. Sicherlich, sie hat im Rahmen des Abiturs eine sehr gute Ausbildung im Bereich Wirtschaftslehre erhalten (ein Dank geht an dieser Stelle auch an ihren Lehrer, Herrn Ralf J. Rullof-Klein, Fachbereichsleiter Wirtschaftslehre, Diplomphysiker und Betriebswirt am Willi-Graf-Gymnasium in Saarbrücken), das Schulfach ist im Saarland aber stark volkswirtschaftlich geprägt und bietet für die Buchführung keinen Wissensvorsprung.

Um nicht den Überblick gleich zu Beginn des Studiums im Pflichtfach Unternehmensrechnung zu verlieren, fragte sie ihren Vater um Rat, der seit Oktober 2000 an der Hochschule für Wirtschaft und Technik des Saarlandes in der Fakultät für Wirtschaftswissenschaften lehrt. Doch alle (prinzipiell sehr guten) Bücher, die ihr Vater empfehlen konnte, hatten einen Nachteil: sie waren ebenfalls sehr detailreich und erleichterten ihr den Einstieg in die Thematik des externen Rechnungswesens keineswegs. Und so entstand die Idee, gemeinsam ein *Essential* zu verfassen, das nur die Inhalte zur Buchführung enthält, die die absolute Grundlage dieses Wissensgebietes bilden. Deshalb beinhaltet *Einfach nur Buchführung* auch keine Literaturverweise (abgesehen vom Handelsgesetzbuch): es wäre nicht korrekt, auf eine konkrete Autorenschaft zu referieren, denn dieses Buch beinhaltet

wirklich nur diejenigen Aussagen zur Buchführung, die Sie quasi in jedem Fach-
buch finden können – dort aber in der Regel ergänzt um viele weitere (durchaus
wichtige) Informationen. *Einfach nur Buchführung* wendet sich also an jene Leser-
schaft, die ein ähnliches Problem hat, wie Lara Joy es zu Beginn ihres Studiums
hatte: sehr viele neue Informationen zu einem bisher unbekannten Wissensge-
biet sind in vergleichsweise kurzer Zeit zu erfassen und zu verstehen. Für genau
diesen Personenkreis soll dieses Buch einen idealen Einstieg bilden, damit auch
die vielen guten ausführlichen Fachbücher im Anschluss leichter zu verarbeiten
sind. Und übrigens, inzwischen hat Lara Joy das Fach Unternehmensrechnung
mit einer sehr guten Prüfungsleistung abgeschlossen. Vielleicht ist schon das
Motivation genug, sich dem Inhalt dieses Buches zu widmen.

Stefan Georg
Lara Joy Georg

Inhaltsverzeichnis

Abbildungsverzeichnis

Tabellenverzeichnis

Grundsätzliches zur Buchführung

1

Inhaltsverzeichnis

Im ersten Kapitel wollen wir Ihnen einen ersten Eindruck davon geben, was die Buchführung überhaupt bezweckt und was bei Ihrer Anwendung unbedingt zu beachten ist.

1.1 Warum gibt es die Buchführung?

Unternehmen wollen nicht nur **Geld verdienen,** sie müssen es im Grunde sogar. Warum ist das so?

Menschen haben Bedürfnisse, und Unternehmen erbringen betriebliche Leistungen, die der Bedürfnisbefriedigung dienen. Somit stellt ein Unternehmen eine Organisation dar, deren Zweck darin besteht, Leistungen zu erbringen, die von anderen nachgefragt werden. Hinter jedem Unternehmen steht irgendwo ein Mensch, der sich allein oder zusammen mit anderen Menschen dazu entschieden hat, ein entsprechendes Unternehmen zu führen. Aber warum sollten Unternehmen und damit Menschen so etwas überhaupt tun? Der Verkauf der betrieblichen Leistungen an die Nachfrager dieser Leistungen ermöglicht es den Unternehmen (und damit den Menschen hinter den Unternehmen), Geld zu verdienen. Somit zielen die Erbringung und der Verkauf der Leistungen darauf ab, ein Mehrwert gegenüber den Aufwendungen zu schaffen, die im Rahmen der Leistungserbringung entstehen.

Hinzu kommt, dass kein Unternehmen gänzlich ohne einen **Kapitaleinsatz** auskommen kann. Das Kapital wird benötigt, um die Betriebsbereitschaft des Unternehmens zu ermöglichen, sei es durch den Kauf von langfristig nutzbaren Vermögenswerten (Anlagevermögen, bspw. Maschinen oder Fahrzeuge), den Kauf von kurzfristig nutzbaren Vermögenswerten (Umlaufvermögen, bspw. Rohstoffe) oder der Vergütung laufender Aufwendungen (die bspw. aus dem Einsatz des Produktionsfaktors Arbeit in Form von Arbeitsentgelten entstehen).

Das Zusammenspiel aus Nachfrageseiten, den Kapitaleinsatz und dem Einsatz der Produktionsfaktoren zur betrieblichen Leistungserbringung zeigt Abb. 1.1.

Wird das benötigte Kapital geliehen (sogenanntes Fremdkapital) ist diese Leihe mit einer finanziellen Entschädigung der Gläubiger (also der Kapitalgeber) verbunden. Diese finanzielle Entschädigung nennt man Fremdkapitalzinsen. Eigenkapital wird dagegen auf den ersten Blick kostenfrei von den Gesellschaftern des Unternehmens zur Verfügung gestellt. Doch da die Gesellschafter

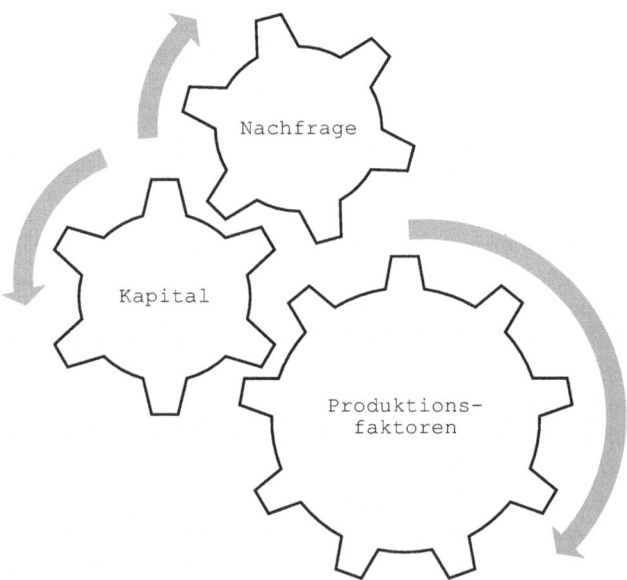

Abb. 1.1 Faktoren der betrieblichen Leistungserbringung

das eingebrachte Kapital auch anderweitig verwenden und dabei Geld verdienen könnten (bspw. in Form von Zinserträgen bei der Kapitalanlage in Aktien oder auf einem Tagesgeldkonto), verzichten sie bei der Einlage des Kapitals im Unternehmen auf diese Ertragsmöglichkeiten (sogenannte Opportunitätskosten). Das ist jedoch auf Dauer nur dann wirtschaftlich sinnvoll, wenn auch dieser Eigenkapitaleinsatz eine Rendite abwirft. Und diese Rendite ergibt sich über den **Unternehmensgewinn,** den es dann letztlich zu bestimmen gilt.

Die **Buchführung** ermöglicht einen Überblick über den **Jahresüberschuss** (im günstigen Fall) oder **Jahresfehlbetrag** (im ungünstigen Fall), indem alle relevanten Geschäftsvorfälle, die einen Einfluss auf den Jahresgewinn haben, erfasst und verarbeitet werden. Daraus ergibt sich die Sinnhaftigkeit der sogenannten **Gewinn- und Verlustrechnung (GuV).** Es gibt aber nicht nur Geschäftsvorfälle, die einen direkten Einfluss auf den Gewinn haben, sondern auch erfolgsneutrale Geschäftsvorfälle, die zunächst einmal nur die Vermögens- und Kapitalbestände des Unternehmens betreffen. Wenn Sie zum Beispiel vom Bankkonto 100 € abheben, dann haben Sie ja insgesamt kein Geld gewonnen oder verloren, also keinen Gewinn oder Verlust erzielt. Vielmehr erhöht sich Ihr Bargeldbestand („Kasse") im gleichen Umfang, wie sich ihr Kontostand („Bank") verringert. Die Vermögens- und Kapitalbestände eines Unternehmens werden in einer **Bilanz** gegenübergestellt.

Gewinn- und Verlustrechnung sowie Bilanz sind schließlich die Ergebnisrechnungen einer laufenden Buchführung, im Rahmen derer Sie alle finanzrelevanten Geschäftsvorfälle erfassen und verarbeiten. Auf diese Weise erhalten Sie einen Überblick darüber, ob das Unternehmen wirtschaftlich lohnend betrieben wird. Und wie Sie schon gesehen haben: Ohne Möglichkeit, Geld zu verdienen, macht die Organisation eines Unternehmens auf Dauer keinen Sinn.

1.2 Die Buchführungspflichten

Die Buchführung geht auf den italienischen Mathematiker Luca Pacioli (1445–1514) zurück und ist eine **Zeitraumrechnung,** die alle Geschäftsvorfälle eines Geschäftsjahres chronologisch, systematisch geordnet, zeitnah und lückenlos aufzeichnet, um die Dokumentation des Jahresabschlusses zu gewährleisten.

Buchführungspflichtig ist nach § 238 HGB Abs. 1 Satz 1 jeder **Kaufmann.** Als Kaufmann gilt, wer ein Handelsgewerbe (=Gewerbebetrieb) betreibt. Kennzeichen des Gewerbebetriebs sind Tätigkeiten,

- die **selbstständig** ausgeübt werden (also in eigenem Namen),

- **auf Dauer** ausgelegt sind (also keine einmaligen Geschäfte darstellen),
- **planmäßig** betrieben werden (ohne dass es einen schriftlichen Plan geben muss),
- **auf dem Markt** nach außen **erkennbar** sind (so dass erkennbar ist, dass man sich um Kunden bemüht),
- mit **Gewinnerzielungsabsicht** ausgeübt werden (wenngleich auch Verlustzeiträume vorkommen können),
- keine freiberufliche oder land- bzw. forstwirtschaftliche Tätigkeiten und
- nicht gesetzeswidrig oder sittenwidrig sind.

Kennzeichen des Handelsgewerbes sind bspw. die erzielten Umsätze, der Jahresabschluss und dessen Ergebnis, die Zahl der Mitarbeiter, die Größe des Kundenkreises, der Umfang des Warenangebotes oder die Anzahl der Lieferantenkontakte.

Kleingewerbetreibende sind von den Buchführungspflichten befreit, sie haben lediglich gemäß HGB § 241a Satz 1 ein Wahlrecht (**Kann-Kaufleute**) zur handelsrechtlichen Buchführung (durch Eintragung ins Handelsregister; dann werden sie buchführungspflichtig). Gemäß HGB § 241a Satz 1 weisen Kleingewerbetreibende als Einzelkaufleute in zwei aufeinanderfolgenden Geschäftsjahren nicht mehr als 800.000 € Umsatz und einen Jahresüberschuss nicht höher als 80.000 € auf. Diese Grenzen sagen nur etwas über die Buchführungspflichten aus, nicht jedoch über die Steuerpflichten der Gewerbetreibenden!

Kapitalgesellschaften (bspw. eine Gesellschaft mit beschränkter Haftung GmbH oder eine Aktiengesellschaft AG) sind dagegen immer (**Form-)Kaufleute,** unabhängig von der Höhe ihres Umsatzes oder Gewinns.

Wer seinen Buchführungspflichten nachkommen will, muss dabei einige Grundsätze zur ordnungsmäßigen Buchführung (GoB) einhalten.

1.3 Die Grundsätze ordnungsmäßiger Buchführung (GoB)

Die Grundsätze ordnungsmäßiger Buchführung sind nicht in einem einzelnen Gesetz geregelt, sondern sie beziehen sich sowohl auf das Handelsgesetzbuch als auch auf die Abgabenordnung. Prinzipiell ist für die Buchführung eine formelle und eine sachliche (materielle) Ordnungsmäßigkeit gefordert. Dabei ist die Buchführung so auszugestalten, dass ein sachverständiger Dritter (bspw. ein Buchhalter oder ein Steuerberater) in der Lage ist, sich über die Geschäftsvorfälle

Abb. 1.2
Ordnungsmäßigkeit der
Buchführung

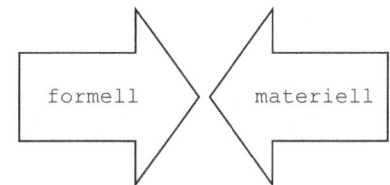

und die wirtschaftliche Lage des Unternehmens einen Überblick zu verschaffen. In Abb. 1.2 sind die beiden Hauptgliederungen der Ordnungsmäßigkeit zusammengefasst.

Aus den gesetzlichen Vorgaben und der allgemeinen Forderung nach Nachvollziehbarkeit der Buchführung ergeben sich eine Reihe von Anforderungen, die einzuhalten sind:

Die **materielle (sachliche) Ordnungsmäßigkeit** umfasst vor allem die Vollständigkeit und Richtigkeit der Buchführung. Dies führt u. a. zur Forderung, dass keine Buchung ohne Beleg (bspw. Lieferscheine, Kassenbelege, Rechnungen) durchgeführt werden darf. Ergänzend sind die Eintragungen zeitgerecht und geordnet vorzunehmen und dürfen nicht verändert werden, d. h. fehlerhafte Eintragungen können nicht einfach gestrichen werden, sondern sie sind durch Stornobuchungen zu korrigieren.

Die **formelle Ordnungsmäßigkeit** betrifft die Klarheit und Übersichtlichkeit der Buchführung. Dies beinhaltet auch die Führung der Bücher in einer lebenden Sprache. Zusätzlich muss bei der Verwendung von Abkürzungen oder Symbolen deren Bedeutung eindeutig festgelegt werden.

Ergebnisrechnungen der Buchführung

2

Inhaltsverzeichnis

Die Buchführung dient nicht zum Selbstzweck. Vielmehr erhalten wir in ihren Ergebnisrechnungen wertvolle Einblicke in die wirtschaftliche Lage des Unternehmens. Lernen wir deshalb in diesem Kapitel wichtige Ergebnisrechnungen kennen und was es bei deren Erstellung zu beachten gilt.

2.1 Der Jahresabschluss

Mindestens einmal pro Jahr müssen Gewerbetreibende eine Abschlussübersicht zu bestimmten finanziellen Daten ihres Unternehmens erstellen. Diese Abschlussübersicht nennt man den Jahresabschluss. Er setzt sich aus den folgenden Positionen zusammen:

- Bilanz (stichtagsbezogene Gegenüberstellung von Vermögen und Kapital)

- Gewinn- und Verlustrechnung (zeitraumbezogene Erfolgsermittlung für das gesamte Geschäftsjahr)
- Anhang (nur für Kapitalgesellschaften, haftungsbeschränkte Personengesellschaften und Genossenschaften)
- ergänzende Dokumentationen wie eine Kapitalflussrechnung oder ein Lagebericht für kapitalmarktorientierte (börsennotierte) Kapitalgesellschaften

Grundsätzlich schließt der Jahresabschluss die Buchführung eines Geschäftsjahres ab und gibt Auskunft über das Geschäftsergebnis, den Vermögenswert und den Schuldenstand. Damit erfüllt er eine **Informationsfunktion** gegenüber den Gesellschaftern des Unternehmens, aber auch gegenüber Gläubigern (Kreditgebern), wenn mit diesen eine Einsicht in den Jahresüberschuss vereinbart wurde oder wenn die Möglichkeit zur Einsicht sogar gesetzlich vorgeschrieben ist. Zusätzlich erfüllt der Jahresabschluss eine **Zahlungsbemessungsfunktion** als Grundlage der Besteuerung oder der Gewinnausschüttung (bspw. für Aktionäre bei Aktiengesellschaften).

2.2   Die Bilanz

Die Bilanz ist ein Teil des Jahresabschlusses, den jeder Kaufmann erstellen muss. Dabei stellt die Bilanz die Vermögenswerte (sogenannte Aktiva) dem Kapital (sogenannte Passiva) **zu einem bestimmten Stichtag** (dem Ende eines Geschäftsjahres) gegenüber. Betrachten wir dazu das stark verkürzte Beispiel in Tab. 2.1.

Eine Bilanz ist immer ausgeglichen, d. h. die Bilanzsumme ist auf beiden Seiten identisch. Zusätzlich entspricht die Abschlussbilanz des Jahres 1 automatisch der Eröffnungsbilanz des Jahres 2. Man nennt das die **Bilanzidentität.**

Tab. 2.1 Aufbau der Bilanz

Bilanz zum 31.12	
Aktiva	Passiva
Anlagevermögen	Eigenkapital
Umlaufvermögen	Rückstellungen
Aktive RAP	Verbindlichkeiten
	Passive RAP
Bilanzsumme	Bilanzsumme

Die Aktiva umfassen die Vermögenswerte, mit denen ein Unternehmen arbeitet. Vermögenswerte, die mehrjährig nutzbar und deshalb auch schwierig liquidierbar sind, weil sie die Betriebsbereitschaft ermöglichen, heißen **Anlagevermögen.** Dagegen bezeichnet man die Vermögenswerte als **Umlaufvermögen,** wenn sie einen eher kurzfristigen Charakter haben.

Das Anlagevermögen gliedert sich (in dieser Reihenfolge) in

- immaterielles Anlagevermögen (bspw. Schutzrechte, Lizenzen, Patente),
- Sachanlagevermögen (Grundstücke, Gebäude, Fuhrpark, Maschinen und technische Anlagen, Büro- und Geschäftsausstattung) und
- Finanzanlagevermögen (bspw. Beteiligungen an anderen Unternehmen).

Dagegen setzt sich das Umlaufvermögen aus

- Vorräten (an Roh-, Hilfs- und Betriebsstoffen, unfertigen und fertigen Erzeugnissen sowie Handelsware),
- Forderungen (insbesondere aus Lieferung und Leistung)
- kurzfristigen Wertpapieren sowie
- Bank und Kasse (Guthaben auf dem Geschäftskonto bei der Bank und Bargeld)

zusammen.

Mit diesen Vermögenswerten arbeitet ein Unternehmen also aktiv. Doch jeder Vermögenswert will auch finanziert sein. Und diesen Finanzierungsaspekt beschreiben die Passiva. Sie gliedern sich in

- Eigenkapital (vor allem sind dies die Stammeinlage der Gesellschafter, Kapitalrücklagen, Gewinnrücklagen und der aktuelle Jahresüberschuss/ Jahresfehlbetrag),
- Rückstellungen (Verbindlichkeiten, deren exakte Höhe oder dessen exakter Fälligkeitszeitpunkt noch nicht feststehen, bspw. Prozessrückstellung für gerichtliche Auseinandersetzungen, aus denen voraussichtlich eine Prozessschuld resultieren wird) sowie
- Verbindlichkeiten (insb. gegenüber Kreditinstituten, gegenüber Lieferanten).

Rückstellungen und Verbindlichkeiten stellen das **Fremdkapital** dar. Das heißt, es handelt sich dabei um Schulden gegenüber Außenstehenden. Die Außenstehenden werden in diesem Fall auch als Gläubiger bezeichnet.

Wenn Sie sich das verkürzte Beispiel der Bilanz angeschaut haben, dann entdecken Sie dort noch aktive bzw. passive RAP. Dabei steht RAP für Rechnungsabgrenzungsposten. Diese RAP sind notwendig, da die Bilanz Teil des Jahresabschlusses ist und sich damit als Schlussbilanz auf das vergangene Geschäftsjahr bezieht, wenn auch zum konkreten Bilanzstichtag. Es kann nun bspw. sein, dass Sie bereits im Dezember die Versicherungsprämie für eine Unternehmensversicherung des kommenden Jahres von Ihrem Bankkonto bezahlt haben. Deshalb ist Ihr Kontostand („Bank") bereits gesunken, der Grund für die Zahlung liegt aber außerhalb des aktuellen Geschäftsjahres. In diesem Fall bilden wir einen aktiven Rechnungsabgrenzungsposten, also einen RAP auf der linken Bilanzseite in der obigen Darstellung, um den bereits stattgefundenen Zahlungsausgang in diesem Jahr auszugleichen. Vergleichbares gilt für die passiven Rechnungsabgrenzungsposten. Mehr müssen Sie an dieser Stelle jedoch noch nicht zu diesem Thema wissen, wir werden uns später in einem eigenen Kapitel den RAP widmen.

Schließlich sei noch darauf hinzuweisen, dass Aktiva und Passiva in modernen Darstellungen oftmals nicht mehr nebeneinander, sondern untereinander aufgeführt werden. Deshalb sehen es die Profis des Rechnungswesens auch nicht gerne, wenn man von der linken und der rechten Seite der Bilanz spricht.

Doch wie kann man die richtige Höhe der einzelnen Bilanzpositionen überhaupt bestimmen? Dazu gibt es prinzipiell zunächst einmal die Inventur.

2.3   Die Inventur und das Inventar

Die **Inventur** beschreibt die Bestandaufnahme des Vermögens und der Schulden nach Art, Menge und Wert an einem Stichtag. Die **körperliche Inventur** umfasst die Bestandaufnahme aller körperlichen Vermögensgegenstände durch Zählen, Messen oder Wiegen (3 Autos, 20 kg Mehl…). Die **Buch- bzw. Beleginventur** umfasst die Bestandaufnahme aller nicht-körperlichen Vermögensgegenstände und Schulden (Forderungen, Bankguthaben, Verbindlichkeiten).

Beachte: In großen Unternehmen ist die Durchführung der Inventur an einem Tag aufgrund des **Zeitproblems** kaum durchführbar. Die **erweiterte Stichtagsinventur** muss innerhalb von 10 Tagen vor oder nach dem eigentlichen Stichtag vollständig durchgeführt werden. Dagegen spricht man von einer **vorgelagerten oder nachgelagerten Inventur,** wenn diese nicht zum Bilanzstichtag, sondern innerhalb von 3 Monaten vor oder 2 Monaten nach dem Bilanzstichtag durchgeführt wird. Bei der **permanenten Inventur** wird die körperliche Bestandaufnahme über das gesamte Jahr verteilt.

Darüber hinaus kann es ein **Mengenproblem** geben, wenn es eine Vielzahl gleichartiger Vermögenswerte gibt (Geschirr im Restaurant). Zur Bewertung des Bestands darf eine **Festbewertung** erfolgen (maximal 2 Jahre lang), wenn sich der Bestand nicht wesentlich verändert (500 Geschirrteile zu je 4,80 € = 2400 €). Alternativ kann eine **Gruppenbewertung** gleichartiger Vermögenswerte erfolgen (300 Tassen zu 6 €, 200 Untersetzer zu je 3 €). Bei regelmäßigen Zukäufen und Abgängen entsprechender Vermögenswerte ist der Bestand mit dem **gewogenen Durchschnittspreis** oder nach einem **Verbrauchsfolgeverfahren** (First-in-first-out FIFO bspw. bei Lagerung im Silo, Last-in-first-out LIFO bspw. bei Lagerung auf Halden) zu bewerten.

Das **Inventar** entspricht einem genauen **Bestandsverzeichnis** sämtlicher über die Inventur ermittelten Vermögensgüter und Schulden nach Art, Menge und Wert in Staffelform.

Die einzelnen Vermögensgüter sind nach ihrer zunehmenden Liquidität geordnet, beginnend mit dem Anlagevermögen, gefolgt vom Umlaufvermögen. Die Schulden sind nach ihrer Fristigkeit in langfristige und kurzfristige Schulden zu trennen. Die Differenz aus Vermögenswerten und Schulden ergibt das **Reinvermögen** (Eigenkapital).

Während im **Inventar** alle verschiedenen Vermögenswerte einzeln aufgeführt sind (1 PKW Marke A zu 20.000 €, 1 PKW Marke B zu 25.000 €, 2 PKW Marke C zu je 15.000 €), fasst die **Bilanz** die Vermögenswerte zu größeren Gruppen zusammen (Fuhrpark 75.000 €) und verzichtet dabei auf die Mengenangaben und exakten Typenbezeichnungen. Vermögenswerte und Schulden werden auch nicht mehr in Staffelform hintereinander aufgeführt, sondern in **Kontenform** gegenübergestellt.

Letztlich führt die Durchführung der Inventur zunächst zum Inventar und dann schließlich zur Bilanz, was in Abb. 2.1 nochmals grafisch dargestellt ist.

2.4 Vorsichtsprinzip, Realisationsprinzip und Imparitätsprinzip

Im Abschnitt zur Inventarisierung haben Sie gesehen, dass Vermögenswerte und Schulden nicht nur mengenmäßig zu erfassen sind, sondern auch bewertet werden müssen. Dabei sind zur Bewertung von Vermögen und Schulden in der Bilanz bestimmte Richtlinien einzuhalten:

Das **Vorsichtsprinzip** (HGB § 252 Abs. 1 Nr. 4) verlangt vom Unternehmen, seine wirtschaftliche Situation nicht besser darzustellen, als sie tatsächlich ist.

Abb. 2.1 Von der Inventur
zur Bilanz

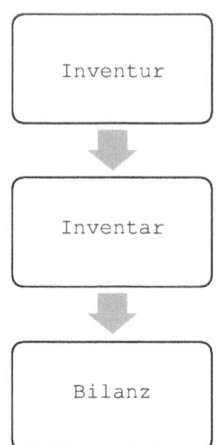

Demnach sind Gewinne erst dann zu berücksichtigen, wenn sie realisiert wurden (**Realisationsprinzip,** HGB § 252 Abs. 1 Nr. 4, zweiter Halbsatz).

Gleichzeitig verlangt das **Imparitätsprinzip,** dass absehbare Verluste und Risiken auch dann bilanziell zu berücksichtigen sind (bspw. durch außerplanmäßige Abschreibungen), wenn sie noch nicht am Markt realisiert sind.

Somit führt die kombinierte Anwendung von Realisationsprinzip und Imparitätsprinzip zu einer **vorsichtigen Erfolgsermittlung** (siehe dazu auch Abb. 2.2).

Diese vorsichtige Erfolgsermittlung ist mit dem Niederstwertprinzip zur Bewertung der Vermögenswerte verbunden.

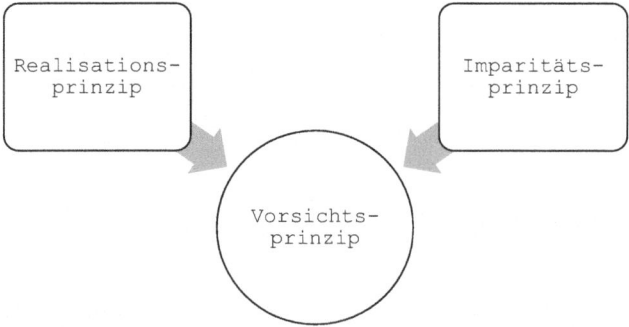

Abb. 2.2 Vorsichtsprinzip

2.5 Das Niederstwertprinzip

Das **strenge Niederstwertprinzip** gilt für das Umlaufvermögen einer Bilanz. Es besagt nach § 253 Abs. 4 HGB, dass den Vermögenswerten des Umlaufvermögens am Bilanzstichtag der niedrigste mögliche Wert verschiedenen Bewertungsalternativen (Anschaffungskosten, Börsenkurse oder Marktpreise) zugrunde zu legen ist, wobei die Anschaffungs- oder Herstellungskosten niemals überschritten werden dürfen. Haben Sie also Waren für 100 € gekauft (Anschaffungskosten) und deren Wert beträgt am Bilanzstichtag nur noch 80 €, dann müssen Sie in der Bilanz eine Bewertung der Waren zu 80 € vornehmen. Wäre der Wert der Waren dagegen auf 120 € gestiegen, dürfen Sie dennoch nicht mehr als 100 € bilanzieren, also niemals mehr, als Sie für die Ware bezahlt haben. So entstehen **stille Rücklagen,** also solche, die aus der Bilanz selbst nicht ersichtlich sind. Anhand des Beispiels sehen Sie auch, dass es keine Rolle spielt, ob die Wertminderung von Dauer ist oder nur kurzfristig auftritt.

Für das abnutzbare Anlagevermögen (bspw. eine Maschine) gilt das strenge Niederstwertprinzip aber nur dann, wenn die **Wertminderung von Dauer** ist (bspw. aufgrund eines Totalschadens der Maschine). Dann muss eine außerplanmäßige Abschreibung (Wertminderung) verbucht werden.

Wenn dagegen das Anlagegut nur vorübergehend in seinem Wert gemindert ist, erfolgt **keine Abwertung** des Vermögenswertes, auch wenn hier früher gemäß dem Handelsrecht ein **Abwertungswahlrecht** bestanden hat. Dieses Wahlrecht, bezeichnet als **gemildertes Niederstwertprinzip,** besteht nur noch für das Finanzanlagevermögen. Es bedeutet, dass auch bei voraussichtlich vorübergehender Wertminderung auf Finanzanlagevermögen eine außerplanmäßige Abschreibung vorgenommen werden kann.

Übrigens, entfällt der Sachgrund für eine außerplanmäßige Abschreibung, muss gemäß § 253 Abs. 5 Satz 51HGB eine **Zuschreibung** (also eine Werterhöhung) erfolgen. Auch nach einer Zuschreibung dürfen die Anschaffungs- und Herstellungskosten nicht überschritten werden. Betrachten Sie dazu das folgende Beispiel: Unternehmen U hält Unternehmensanteile in Form von Aktien am Unternehmen A. Die Aktien hatten ursprünglich einen Preis von 100.000 €. Aufgrund von Börsenschwankungen fällt der Wert der Aktien auf 90.000 €. Das Unternehmen U macht vom seinem Recht gemäß des gemilderten Niederstwertprinzips Gebrauch und bilanziert die Aktien nun zu 90.000 €, obwohl keine dauerhafte Wertminderung zu erwarten ist. Ein Jahr später ist der Aktienkurs deutlich gestiegen, sodass die Aktien einen Wert von 120.000 € aufweisen. Das Unternehmen U muss jetzt eine Zuschreibung vornehmen, da der Grund für die außerplanmäßige Abschreibung weggefallen ist. Die Zuschreibung erfolgt jedoch

nur auf 100.000 €, da dies dem Preis entspricht, den das Unternehmen für die
Aktien bezahlt hat (Obergrenze Anschaffungs- und Herstellungskosten).

2.6   Die Gewinn- und Verlustrechnung (GuV)

Die Gewinn- und Verlustrechnung trägt nur deshalb ein „und" zwischen den
Begriffen Gewinn sowie Verlust, weil wir Gewinn bzw. Verlust auf die gleiche
Rechnungsweise bestimmen. In der Praxis kann lediglich entweder ein Gewinn
oder ein Verlust eintreten.

Vereinfacht ergibt sich der Gewinn aus der **Differenz der Summe aller
Erträge und der Summe aller Aufwendungen.**

Ist die Summe aller Erträge größer als die Summe aller Aufwendungen, entsteht ein **Gewinn**. Bezieht sich der Gewinn auf ein Geschäftsjahr, wird er auch
als **Jahresüberschuss** bezeichnet.

Ist die Summe aller Erträge kleiner als die Summe aller Aufwendungen, entsteht ein **Verlust**. Bezieht sich der Verlust auf ein Geschäftsjahr, wird er auch als
Jahresfehlbetrag bezeichnet.

Auch für die Gewinn- und Verlustrechnung gibt es eine tabellarische Darstellung, die in Tab. 2.2 stark vereinfacht dargestellt ist.

Jahresüberschuss bzw. Jahresfehlbetrag gleichen die beiden Spalten also wieder aus, sodass die Gesamtsumme auf der linken Seite der obigen Darstellung der
Gesamtsumme auf der rechten Seite entspricht. Demnach weisen wir entweder
einen Jahresüberschuss oder einen Jahresfehlbetrag aus.

Prinzipiell können wir den Jahresüberschuss/Jahresfehlbetrag mit dieser Rechnung auf zwei unterschiedliche Arten bestimmen, nämlich mit dem Umsatzkostenverfahren oder dem Gesamtkostenverfahren. Diese beiden Verfahren werden
in einem eigenen Kapitel erklärt. In diesem Abschnitt sollen Sie nur verstehen,
wie eine GuV grundsätzlich aufgebaut ist.

Tab. 2.2 Aufbau der Gewinn- und Verlustrechnung

GuV für das Jahr x	
Aufwendungen	Erträge
Liste der Aufwandsarten	Umsatzerträge
	Sonstige Erträge
Jahresüberschuss	Jahresfehlbetrag

2.7 Das Umsatzkostenverfahren und das Gesamtkostenverfahren

Die Gewinn- und Verlustrechnung kann nach dem Umsatzkostenverfahren oder nach dem Gesamtkostenverfahren erfolgen. Beide Verfahren führen zum gleichen Ergebnis.

Beim **Umsatzkostenverfahren** (HGB § 275 Abs. 3) werden den Umsatzerlösen nur die Herstellungskosten (= der Herstellungsaufwand) gegenübergestellt, die mit den zur Erzielung der Umsatzerlöse benötigten Leistungen verbunden sind. Der Aufbau von Lagerbeständen (also die Herstellung von den noch nicht verkauften Fertigfabrikaten) oder die Erbringung von Eigenleistungen (Garage für den Betriebs-PKW wird selbst erbaut), bleiben unberücksichtigt (werden als erfolgsneutral behandelt). Für das Umsatzkostenverfahren ergeben sich die folgenden Rechnungen:

Umsatzerlöse – Herstellungskosten der zur Erzielung der Umsätze erbrachten Leistungen = **Bruttoergebnis vom Umsatz**

Bruttoergebnis vom Umsatz – Vertriebskosten – allgemeine Verwaltungskosten + sonstiger betrieblicher Ertrag – sonstiger betrieblicher Aufwand + Finanzergebnis – Steuern vom Einkommen = **Ergebnis nach Steuern**

Ergebnis nach Steuern – sonstige Steuern = **Jahresüberschuss**

Beim **Gesamtkostenverfahren** (HGB § 275 Abs. 2) werden dagegen alle Erträge und Aufwendungen berücksichtigt. Der Aufbau eines Lagerbestands wird dabei als Teil der Gesamtleistung des Unternehmens in Höhe des Aufwands erfasst, der mit dem Aufbau des Lagerbestands verbunden war. Somit sind für den Lagerbestand Ertrag und Aufwand identisch hoch und haben keinen Einfluss auf den ausgewiesenen Gewinn. Für das Gesamtkostenverfahren ergeben sich folgende Rechnungen:

Umsatzerlöse + Bestandserhöhungen + aktivierte Eigenleistungen + sonstige betriebliche Erträge = **Gesamtleistung**

Gesamtleistung – Materialaufwand – Personalaufwand – Abschreibungen – sonstiger betrieblicher Aufwand + Finanzergebnis – Steuern von Ertrag = **Ergebnis nach Steuern**

Ergebnis nach Steuern – sonstige Steuern = **Jahresüberschuss**

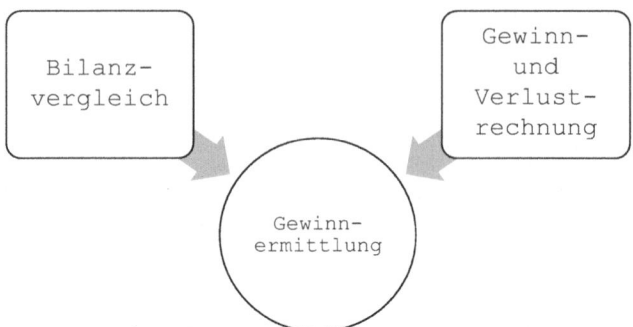

Abb. 2.3 Möglichkeiten der Gewinnermittlung

Letztlich ergibt sich auf Basis beider Verfahren ein identisch hoher Jahresüberschuss bzw. Jahresfehlbetrag. Das Gesamtkostenverfahren ist lediglich dahingehend aufschlussreicher, dass es keine erbrachten Leistungen verschweigt, auch wenn diese der Höhe nach keinen Einfluss auf den Gewinn haben, da Aufwand und Ertrag dieser zusätzlichen Leistungen in identischer Höhe erfasst werden.

2.8 Die doppelte Erfolgsermittlung

Aufgrund des Prinzips der doppelten Buchführung kann der **Gewinn** bzw. **Verlust** eines Unternehmens auf **zwei Arten** errechnet werden, nämlich einerseits mittels der Gewinn- und Verlustrechnung und andererseits durch einen Bilanzvergleich. Die zwei Möglichkeiten sind auch in Abb. 2.3 dargestellt.

Letztlich stehen für beide Berechnungsmöglichkeiten einfache Formeln zur Verfügung:

- Gewinnermittlung mittels GuV: Summe der Erträge – Summe der Aufwendungen
- Gewinnermittlung mittels Bilanzvergleich: Eigenkapital am Ende des Zeitraums – Eigenkapital am Anfang des Zeitraums – Einlagen + Entnahmen

Im ersten Fall wird die Gewinn- und Verlustrechnung GuV durchgeführt, im zweiten Fall führt der Eigenkapitalvergleich von Anfangs- und Schlussbilanz (korrigiert um Kapitaleinlagen und Entnahmen) zur Gewinnberechnung. Auf jeden Fall müssen beide Berechnungen zu einem gleich hohen Gewinnausweis führen.

Das Grundprinzip der doppelten Buchführung

3

Inhaltsverzeichnis

Basis der doppelten Buchführung bildet die Kontentechnik. Lernen wir deshalb zunächst einmal was unter einem Konto zu verstehen ist und wie es genutzt werden kann.

3.1 Das T-Konto

Bestimmt haben Sie ein Girokonto, über das Sie jeden Monat eine ganze Menge Zahlungen abwickeln, sei es durch den Einsatz einer EC-Karte oder durch Überweisungen und Daueraufträge. Am Ende eines Monats (oder auf Abruf) erhalten Sie einen Kontoauszug, über den Sie die Zahlungsbewegungen nachvollziehen können.

Wenn ein Unternehmen alle finanziell bedeutsamen Geschäftsvorfälle über ein einziges Konto erfassen würde, dann ginge die Übersichtlichkeit schnell verloren, weil einfach viel zu viel passiert. Deshalb ist es sinnvoll, die Geschäftsvorfälle über unterschiedliche, vor allem aber sinnvoll strukturierte Konten zu verbuchen. Diese Konten sind reine **Rechenkonten** im Sinne von eigenständige (sortierten)

© Der/die Autor(en), exklusiv lizenziert an Springer Fachmedien Wiesbaden GmbH, ein Teil von Springer Nature 2025
S. Georg und L. J. Georg, *Einfach nur Buchführung*, essentials,
https://doi.org/10.1007/978-3-658-48740-9_3

Aufzeichnungen, um bspw. die Lohnzahlungen an Mitarbeitern von der Gebäude-miete oder Versicherungskosten zu trennen. Das schafft mehr Übersichtlichkeit. Es handelt sich dabei also nicht um „echte Bankkonten".

Doch wie kommt man zu diesen Konten? Zunächst einmal müssen wir eine Trennung zwischen Konten durchführen, die wir für Bilanzpositionen brauchen, und den Konten, die wir für die Gewinn- und Verlustrechnung brauchen werden. Fangen wir einmal mit Letzteren an.

Wie wir schon wissen, berechnet sich der Gewinn eines Unternehmens, indem wir von der Summe der Erträge die Summe der Aufwendungen subtrahieren. Wir bilden nun für jede Ertragsart (vor allem Umsatzerträge, aber vielleicht auch Zinserträge, Skontoerträge usw.) und für jede Aufwandsart (bspw. Materialaufwand, Personalaufwand, Zinsaufwand etc.) ein eigenes Konto. Oft genügt das nicht einmal, denn hinsichtlich des Personalaufwands können wir zwischen Löhnen, Gehältern, Ausbildungsvergütungen, Beiträgen zur Krankenversicherung oder zur Rentenversicherung usw. unterscheiden. Es kann also gut sein, dass wir nicht nur ein einziges Konto für den Personalaufwand nutzen, sondern mehrere Personalaufwandskonten bilden, um auf diese Weise für mehr Übersichtlich-keit hinsichtlich der Zusammensetzung der Gesamthöhe des Personalaufwands zu sorgen.

All diese Konten haben im Grunde zwei Seiten, eine **Sollseite** und eine **Habenseite**. Das kennen Sie indirekt auch von Ihrem persönlichen Bankkonto. Dort sind Sollbuchungen mit Auszahlungen verbunden, Habenbuchungen dage-gen mit Einzahlungen. Vergleichbares haben wir auch bei den Rechenkonten der Buchführung.

Aufwand mindert den Unternehmensgewinn, ist also ähnlich ungünstig wie eine Auszahlung auf dem privaten Girokonto. Entsprechend erfassen wir alle Zugänge auf den Aufwandskonten in Soll, vergleichbar mit den Auszahlungen auf unserem Bankkonto. Kann es auch Aufwandsminderungen geben? Ja, schon, wenn wir bspw. nachträglich einen Preisnachlass für verbrauchte Materialien erhalten, weil wir bspw. bei unserem Lieferanten einen bestimmten Jahres-umsatz überschritten haben. Eine solche Aufwandsminderung erfassen wir im Haben, was nur verständlich ist, denn sie wirkt sich ja günstig auf unseren Unternehmensgewinn aus.

Am Ende eines Jahres (eines Abrechnungszeitraums) addieren wir alle erfass-ten Aufwendungen auf einem Konto und subtrahieren davon die Summe aller Aufwandsminderungen. Da die erfassten Aufwendungen in der Regel größer sind als die Aufwandsminderungen, verbleibt ein Aufwandsüberschuss. Und diesen Überschuss tragen wir dann als Endbestand auf der Habenseite ein. Auf diese

Tab 3.1 Aufbau der Aufwandskonten

Soll	Aufwandskonto	Haben
Aufwandszugänge		Aufwandsminderungen (Abgänge)
		Endbestand

Weise entsteht dann am Ende ein ausgeglichenes T-Konto, wie es in Tab. 3.1 dargestellt ist.

Erträge erhöhen dagegen den Unternehmensgewinn, sind also ähnlich günstig wie eine Einzahlung auf dem privaten Bankkonto. Entsprechend erfassen wir alle Zugänge auf den Ertragskonten im Haben, vergleichbar mit den Einzahlungen auf unserem Bankkonto. Kann es auch Ertragsminderungen geben? Ja, schon, wenn wir bspw. eine Rücksendung von einem Kunden erhalten, der eine zuvor bestellte Ware im Rahmen seines Umtauschrechts zurückgibt. Eine solche Ertragsminderung erfassen wir im Soll, was nur verständlich ist, denn sie wirkt sich ja ungünstig auf unseren Unternehmensgewinn aus.

Sie sehen in Tab. 3.2, die Darstellung der Konten folgt damit optisch einer Struktur des Buchstabens T, und daher stammt der Name T-Konto.

Und wie sieht das nun mit den Konten der Bilanzpositionen aus? Auch diese haben die gleiche T-Struktur inklusive eines Ausweises von Soll und Haben. Neben den Zugängen auf jedem Konto gibt es aber in der Regel auch noch einen **Anfangsbestand,** denn wir sammeln hier ja nicht die Erträge und Aufwendungen, die in einem bestimmten Zeitraum anfallen, sondern wir messen bei der Bilanz ja Bestände an Vermögenswerten (Aktiva) und Kapitalpositionen (Passiva). Und solche Bestände gibt es in der Regel auch am Jahresanfang schon. Betrachten wir hier zunächst einmal die Vermögenswerte, dargestellt in einem **Aktivkonto** wie in Tab. 3.3.

Die Summe aus Anfangsbestand und Zugängen ist also genauso groß wie die Summe aus Abgängen und Endbestand. Das ist auch gut zu verstehen, denn eigentlich heißt unsere Gleichung, um einen Endbestand zu ermitteln:

Anfangsbestand + Zugänge − Abgänge = Endbestand

Tab 3.2 Aufbau der Ertragskonten

Soll	Ertragskonto	Haben
Ertragsabgänge		Ertragszugänge
Endbestand		

Tab 3.3 Aufbau eines Aktivkontos

Soll	Aktivkonto	Haben
Anfangsbestand		Abgänge
Zugänge		Endbestand

Die genannte Gleichung sollte gut nachzuvollziehen sein. Wenn Sie zu Beginn 3 Tafeln Schokolade hatten (= Anfangsbestand) und 2 weitere Tafeln gekauft haben (Zugänge), schließlich aber 4 Tafeln gegessen haben (Abgänge), dann bleibt Ihnen noch 1 Tafel übrig (Endbestand). Wenn wir in dieser Gleichung jetzt auf beiden Seiten die Abgänge addieren, ermitteln wir:

Anfangsbestand + Zugänge − Abgänge + Abgänge = Endbestand + Abgänge, also:

Anfangsbestand + Zugänge = Endbestand + Abgänge.

Und diese Rechnung zeigt das Konzept unseres T-Kontos. Beachten Sie dabei, dass bei Aktivkonten der Anfangsbestand immer im Soll (also links) steht, entsprechend der Tatsache, dass die Aktiva die linke Seite unserer Bilanz bilden.

Folgerichtig erfassen wir beim **Passivkonto** (wie in Tab. 3.4) alle Positionen im Vergleich zum Aktivkonto auf der jeweils anderen Seite.

Beim Passivkonto steht der Anfangsbestand also im Haben (rechts), entsprechend der Bilanzposition auf der rechten Seite.

Nach diesem Muster sind alle Konten aufgebaut, die wir für die Buchführung nutzen. Da es so unglaublich viele Konten gibt, die wir in einem Unternehmen sinnvoll nutzen können, um möglichst viel Übersichtlichkeit zu gewährleisten, ist es sinnvoll, einen **Kontenrahmen** zu nutzen, der die einzelnen Konten systematisch ordnet. Aber das ist ein anderes Thema.

Tab 3.4 Aufbau eines Passivkontos

Soll	Passivkonto	Haben
Abgänge		Anfangsbestand
Endbestand		Zugänge

3.2 Der Kontenrahmen

Aufgrund der Vielzahl der Konten, die für die Buchführung relevant sind, haben sich sogenannte Kontenrahmen etabliert, die eine Strukturierung (Ordnung) der einzelnen Konten ermöglichen. Besonders bekannt sind die von DATEV e. G. entwickelten **Standardkontenrahmen** SKR 03 und SKR 04, die sich hinsichtlich ihrer Gliederung unterscheiden.

Der Standardkontenrahmen SKR 03 ist nach dem Prinzip der Unternehmensprozesse gegliedert. Dagegen orientiert sich der Standardkontenrahmen SKR 04 am Aufbau des Jahresabschlusses. Ihnen gemeinsam ist, dass jedem Konto nicht nur eine Bezeichnung, sondern auch eine Kontennummer zugeordnet ist. In Tab. 3.5 erhalten Sie eine Übersicht über die Kontenklassen beider Kontenrahmen.

Nachfolgend finden Sie eine *kleine* Auswahl möglicher Konten des SKR 03, denen jeweils eine vierstellige Nummer zur leichteren Identifikation der Konten zugeordnet ist:

- 0027 EDV-Software
- 0210 Maschinen
- 0320 PKW
- 0500 Anteile an verbundenen Unternehmen
- 0630 Verbindlichkeiten gegenüber Kreditinstituten

Tab 3.5 Aufbau der Kontenrahmen

Kontenklasse	SKR 03	SKR 04
0	Anlagevermögen und Kapital	Anlagevermögen
1	Finanz- und Privatkonten	Umlaufvermögen
2	Abgrenzungskonten	Eigenkapital/Fremdkapital
3	Wareneingang und -bestand	Fremdkapital
4	Aufwand	Betriebliche Erträge
5	Aufwand	Betriebliche Aufwendungen
6	Aufwand	Betriebliche Aufwendungen
7	Bestände an Erzeugnissen	Weitere Erträge und Aufwendungen
8	Erlöse	
9	Vortrags-, Kapital-, Korrektur- und statistische Konten	Vortrags-, Kapital-, Korrektur- und statistische Konten

- 0955 Steuerrückstellungen
- 0980 Aktive Rechnungsabgrenzung
- 0990 Passive Rechnungsabgrenzung
- 2300 Sonstige Aufwendungen
- 3000 Materialaufwand Roh-, Hilfs-, Betriebsstoffe
- 3200 Wareneingang
- 4100 Löhne und Gehälter
- 4230 Heizung
- 4660 Reisekosten Arbeitnehmer
- 4831 Abschreibungen auf Gebäude
- 8000 Umsatzerlöse

Es macht sicherlich keinen Sinn, die Kontenrahmen auswendig zu lernen. Vielmehr sollten Sie sich zur Umsetzung der Buchführung einen Kontenrahmen ausdrucken/kaufen, auf den Sie immer einen Blick werfen können, wenn Sie Buchungen manuell (und nicht mit einer Software) durchführen. Wie aber erfolgen Buchungen überhaupt? Dafür sollten wir nun einen Blick auf den sogenannten Buchungssatz werfen.

3.3   Der Buchungssatz

Der Buchungssatz benennt die Konten, die durch einen Geschäftsvorfall berührt werden, und er zeigt dabei, ob die Konten im Soll oder im Haben angesprochen werden. Merken Sie sich: Jeder Buchungssatz hat die Grundform **Soll an Haben.**

Beispiel

Geschäftsvorfall: Kauf und Bezahlung neuer Waren durch Überweisung im Wert von 5000 €.
Buchungssatz: Waren an Bank 5000 €.
Das Konto *Waren* wird im Soll angesprochen (es handelt sich hier um ein Konto des Umlaufvermögens, also um ein Aktivkonto, bei dem Zugänge immer im Soll erfasst werden), das Konto *Bank* wird dagegen im Haben angesprochen (auch das Bankkonto ist ein Konto des Umlaufvermögens, also ein Aktivkonto, bei dem Abgänge immer im Haben erfasst werden).
Mit dieser Technik wird sichergestellt, dass bei jeder Buchung immer (mindestens) zwei Konten angesprochen werden, also mindestens eines im Soll und mindestens eines im Haben. Es ist auch möglich, dass im Soll bzw. Haben

mehr als nur ein Konto zu bezeichnen sind. Betrachten wir dazu den folgenden Geschäftsvorfall:

Kauf und Bezahlung neuer Waren durch Überweisung im Wert von 5000 € zzgl. 500 € Umsatzsteuer

Der Buchungssatz lautet in diesem Fall:

Waren (5000) und Vorsteuer (500) an Bank (5500)

Die beiden Konten *Waren* und *Vorsteuer* werden im Soll angesprochen, das Konto *Bank* im Haben. Dabei ist der Begriff Vorsteuer die Bezeichnung für die beim Kauf bezahlte Umsatzsteuer. Auch zur Umsatzsteuerproblematik haben wir einen eigenen Abschnitt in diesem Buch.◄

Wenn Sie so wollen, haben wir im vorangehenden Beispiel einen zusammengesetzten Geschäftsvorfall: Einerseits ist der Kauf neuer Warenrechnung zu dessen Nettowert zu erfassen, andererseits ist aber auch die zu zahlende Umsatzsteuer beim Kauf zu berücksichtigen.

Nachfolgend lesen Sie eine ganze Reihe von Beispielbuchungssätze für erfolgsneutrale Geschäftsvorfälle, die nur die Aktiv- und Passiv-Positionen der Bilanz betreffen. Und danach lernen Sie Beispielsbuchungssätze für erfolgsrelevante Geschäftsvorfälle kennen, die über Aufwands- und Ertragsbuchungen einen Einfluss auf das Eigenkapital des Unternehmens ausüben.

Beispiele für erfolgsneutrale Geschäftsvorfälle (Buchung nur auf Bestandskonten der Bilanz):

1. Begleichung von Verbindlichkeiten aus Lieferung und Leistung (LuL) durch Überweisung im Wert von 20.000 €

Buchungssatz: Verbindlichkeiten aus LuL an Bank 20.000 €.

Die Verbindlichkeiten aus LuL bezeichnen eine Passivposition, bei der Abgänge im Soll erfasst werden, Bank bezeichnet dagegen eine Aktivposition, bei der Abgänge im Haben zu dokumentieren sind.

2. Ein Kunde begleicht eine offene Rechnung über 200 € durch Barzahlung.

Buchungssatz: Kasse an Forderungen aus LuL 200 €.

Kasse stellt ein Aktivkonto dar, bei dem wir Zugänge im Soll erfassen, die Forderungen aus LuL bilden ebenfalls ein Aktivkonto, bei dem wir Abgänge im Haben dokumentieren.

3. Kauf einer PC-Anlage für 2500 € auf Ziel

Buchungssatz: Betriebs- und Geschäftsausstattung BGA an Verbindlichkeiten aus LuL 2500 €.

Auch Betriebs- und Geschäftsausstattung bildet ein Aktivkonto (Anlagevermögen), für das die Zugänge im Soll zu erfassen sind, die Verbindlichkeiten aus LuL stellen dagegen ein Passivkonto dar, bei dem die Zugänge im Haben zu dokumentieren sind.

4. Begleichung einer Umsatzsteuerschuld in Höhe von 4000 € durch Überweisung

Buchungssatz: Umsatzsteuer an Bank 4000 €.

Die Umsatzsteuerschuld ist eine Verbindlichkeit gegenüber dem Finanzamt und damit eine Passivposition, für die Abgänge im Soll darzustellen sind; das Bankkonto als Aktivkonto erfasst Abgänge dagegen im Haben.

5. Überweisung einer Anzahlung von 10.000 € für den Kauf eines neuen Fahrzeugs

Buchungssatz: Geleistete Anzahlungen auf Sachanlagen an Bank 10.000 €.

Die geleistete Anzahlung auf Sachanlagen ist auch wiederum ein Aktivkonto, für das die Zugänge im Soll zu erfassen sind; beim Bankkonto als Aktivkonto sind Abgänge im Haben zu verbuchen.

6. Einzahlung des Kassenbestands von 3500 € auf das Bankkonto

Buchungssatz: Bank an Kasse 3500 €.

Das Bankkonto, und das wissen wir inzwischen sicher, stellt ein Aktivkonto dar, für das wir Zugänge im Soll erfassen; auch Kasse beschreibt ein Aktivkonto mit einem Abgang im Haben.◄

Beispiele für erfolgswirksame Geschäftsvorfälle

7. Zinsgutschrift auf dem Bankkonto in Höhe von 80 €
Buchungssatz: Bank an Zinserträge 80 €.

In diesem Fall haben wir einen Zugang auf dem Bankkonto (Aktivkonto, Zugang im Soll), Zinserträge stellen ein Ertragskonto dar, das Zugänge im Haben erfasst.

8. Kauf von Büromaterial auf Ziel in Wert von 200 €

Buchungssatz: Büroaufwand an Verbindlichkeiten aus LuL (Verbrauchsmaterial wird schon beim Kauf als verbraucht und damit als Aufwand gebucht, d. h. es gibt keine Bestandsermittlung für Verbrauchsgüter).

Das Aufwandskonto Büroaufwand erfasst Zugänge im Soll, das Konto Verbindlichkeiten aus LuL stellt ein Passivkonto dar, für das Zugänge im Haben gebucht werden.

9. Überweisung der Stromkosten von 500 € vom Bankkonto

Buchungssatz: Energieaufwand an Bank 500 €.

Auch hier haben wir wieder ein Aufwandskonto mit einer Zugangsbuchung im Soll; dagegen stellt das Bankkonto ein Aktivkonto dar mit Abgängen im Haben.

10. Überweisung der Kreditzinsen in Höhe von 800 € vom Bankkonto

Buchungssatz: Zinsaufwand an Bank 800 €.

Der Zinsaufwand beschreibt ein Aufwandskonto mit einer Dokumentation der Zugänge im Soll, das Bankkonto zum wiederholten Mal ein Aktivkonto mit Abgängen im Haben.

11. Wartungsarbeiten am betrieblichen Fahrzeug in Höhe von 250 € werden bar bezahlt.

Buchungssatz: Instandhaltungsaufwand an Kasse 250 €.

Auch der Instandhaltungsaufwand stellt natürlich ein Aufwandskonto mit einer Erfassung von Zugängen im Soll dar; das Konto Kasse ist ein Aktivkonto mit einer Buchung von Abgängen im Haben.

12. Abgeschlossene Beratung eines Kunden zu dessen Produktpolitik im Wert von 6000 €

Buchungssatz: Forderungen aus Lieferung und Leistung an Beratungserträge 6000 €.

Die unbezahlte Beratungsleistung führt zu einer Forderung aus Lieferung und Leistung (Aktivkonto, Erfassung der Zugänge im Soll); Beratungserträge beschreiben ein Ertragskonto mit der Buchung von Zugängen im Soll.

13. Das Bankkonto wird mit Kontoführungsgebühren in Höhe von 30 € belastet.

Buchungssatz: Aufwand des Geldverkehrs an Bank 30 €.

Zum Abschluss dieses Kapitels verbuchen wir einen zugehenden Aufwand des Geldverkehrs im Aufwandskonto als Soll, der Abgang im Aktivkonto Bank dagegen wie immer im Haben.◄

3.4 Das Eröffnungsbilanzkonto bzw. Schlussbilanzkonto

Jetzt können wir (endlich) mit dem Buchen beginnen. Wir starten das Geschäftsjahr mit der Eröffnungsbilanz, also mit der Schlussbilanz des vorangehenden Geschäftsjahres (Bilanzidentität).

Das **Eröffnungsbilanzkonto** EBK ist nichts Anderes als die **Spiegelung** der Eröffnungsbilanz. Es enthält die Positionen der Aktiva im Haben und die Positionen der Passiva im Soll.

Dank des Eröffnungsbilanzkontos lassen sich die Anfangsbestände der Bilanzpositionen auf die entsprechenden Konten buchen. Für den Anfangsbestand des Kontos Kasse gilt bspw.:

Kasse an EBK 3000 € (generell: **aktives Bestandskonto an Eröffnungsbilanzkonto**).

Und so kann danach der Anfangsbestand „auf die richtige/gewünschte Seite des Kassenkontos" ins Soll gebucht werden.

Für den Anfangsbestand des Kontos Verbindlichkeiten aus Lieferung in Leistung gilt bspw.:

EBK an Verbindlichkeiten aus LuL 15.000 € (generell: **Eröffnungsbilanzkonto an passives Bestandskonto**).

Betrachten Sie dazu beispielhaft die verkürzte Eröffnungsbilanz (siehe Tab. 3.6) und das sich darauf ergebende Eröffnungsbilanzkonto (siehe Tab. 3.7).

Ohne die Bildung des Eröffnungsbilanzkontos wäre direkt aus der Bilanz keine Formulierung des Buchungssatzes im bereits vorgestellten Stil „Soll an Haben"

Tab 3.6 Beispiel einer Eröffnungsbilanz

Eröffnungsbilanz zum 1.1.		
Aktiva		**Passiva**
Maschinen 70.000	60.000	Eigenkapital
Vorräte 30.000	40.000	Verbindlichkeiten
Bilanzsumme 100.000	100.000	Bilanzsumme

Tab 3.7 Beispiel eines Eröffnungsbilanzkontos

Eröffnungsbilanzkonto zum 1.1.		
Soll		**Haben**
Eigenkapital 60.000	70.000	Maschinen
Verbindlichkeiten 40.000	30.000	Vorräte
Summe 100.000	100.000	Summe

möglich. Somit hat das Eröffnungsbilanzkonto *nur* den Zweck, die Anfangsbestände der Aktiv- und Passivkonten per Buchungssatz auf der passenden Seite der jeweiligen Konten auszuweisen. Vielleicht verzichten auch deshalb viele Lehrende an Berufsschulen oder Hochschulen darauf, in Prüfungen die Formulierungen der Buchungssätze zum Eintrag der Anfangsbestände auf die Vermögens- und Kapitalkonten zu verlangen.

Am Ende des Abrechnungszeitraums (des Geschäftsjahres) werden die Endbestände der Bestandskonten aus den gleichen Überlegungen über das **Schlussbilanzkonto** abgeschlossen. Die Buchungssätze dafür lauten:

Schlussbilanzkonto SBK an aktives Bestandkonto

passives Bestandskonto an Schlussbilanzkonto SBK
Bei einem aktiven Bestandskonto steht letztendlich, das wissen wir ja bereits, der Endbestand im Haben, bei einem passiven Bestandskonto dagegen im Soll.

Buchungen innerhalb der Bilanzkonten 4

Inhaltsverzeichnis

In diesem Kapitel lernen Sie Geschäftsvorfälle kennen, die verschiedene Bilanzkonten betreffen.

4.1 Die Bilanzveränderungen

Es gibt eine große Zahl an Geschäftsvorfällen, die lediglich Positionen aus der Bilanz betreffen und nicht erfolgswirksam sind und damit weder Aufwand noch Ertrag verursachen. Einige davon haben wir ja bereits im Abschnitt zu den Buchungssätzen kennengelernt. Diese Geschäftsvorfälle lassen sich in vier Kategorien unterscheiden:

- Aktiv-Tausch
- Passiv-Tausch
- Aktiv-Passiv-Mehrung
- Aktiv-Passiv-Minderung

S. Georg und L. J. Georg, *Einfach nur Buchführung*, essentials,
https://doi.org/10.1007/978-3-658-48740-9_4

Betrachten wir nun die einzelnen Kategorien im Überblick.

Aktiv-Tausch (Vermögensumschichtung)
Der Aktiv-Tausch beschreibt die Werterhöhung einer Aktivposition bei gleichzeitiger und gleichwertiger Reduzierung einer anderen Aktivposition. Betrachten wir dazu das folgende Beispiel:
Kauf eines betrieblich genutzten Fahrzeugs gegen Überweisung (Buchungssatz: Fuhrpark an Bank).

Aktiv-Passiv-Mehrung/Bilanzverlängerung
Eine Aktiv-Passiv-Mehrung bezeichnet die Werterhöhung einer Aktivposition bei gleichzeitiger und gleichwertiger Erhöhung einer Passivposition. Sehen wir uns auch dazu ein Beispiel an:
Kauf eines betrieblich genutzten Fahrzeugs auf Ziel (Buchungssatz: Fuhrpark an Verbindlichkeiten aus Lieferung und Leistung).

Aktiv-Passiv-Minderung/Bilanzverkürzung
Folgerichtig beschreibt die Aktiv-Passiv-Minderung die Wertminderung einer Aktivposition bei gleichzeitiger und gleichwertiger Wertminderung einer Passivposition. Ein Beispiel hierzu lautet:
Begleichung von Lieferantenschulden durch Überweisung (Buchungssatz: Verbindlichkeiten aus Lieferung und Leistung an Bank).

Passiv-Tausch (Kapitalumschichtung)
Letztlich führt ein Passiv-Tausch zur Werterhöhung einer Passivposition bei gleichzeitiger und gleichwertiger Reduzierung einer anderen Passivposition. Auch hierzu betrachten wir ein einfaches Beispiel:
Aufnahme eines Bankdarlehens zur Ablösung einer Verbindlichkeit aus Lieferung und Leistung LuL (Buchungssatz: Verbindlichkeit aus LuL an langfristige Verbindlichkeiten).

4.2   Die Anschaffungskosten

Hinsichtlich der Bewertung von Aktiva spielen die Anschaffungskosten eine große Rolle. Wir wissen bereits, dass die Anschaffungskosten zusammen mit den Herstellungskosten eine Bewertungsobergrenze für Vermögenswerte darstellen. Diesen Zusammenhang verdeutlich auch noch einmal Abb. 4.1.

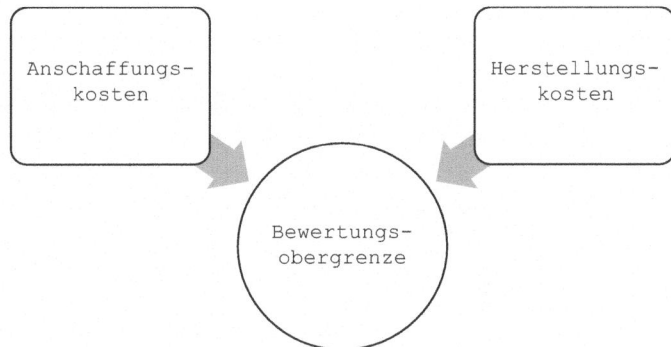

Abb. 4.1 Bewertungsobergrenze von Vermögenswerten

Grundsätzlich berechnen sich die **Anschaffungskosten** von Vermögenswerten als:

Anschaffungspreis (in der Regel netto) + Anschaffungsnebenkosten + nachträgliche Anschaffungskosten – einzeln zuzuordnende Anschaffungspreisminderungen = Anschaffungskosten

Der **Anschaffungspreis** ist der Nettokaufpreis. Die zu zahlende Umsatzsteuer wird als Vorsteuer berücksichtigt und ist kein Teil des Anschaffungspreises.

Anschaffungsnebenkosten fallen als Einzelkosten (unmittelbar mit dem beschafften Vermögensgegenstand verbunden) beim Kauf des Vermögensgutes an, bspw. Grunderwerbsteuer oder Notargebühren beim Grundstückskauf sowie Zölle, Verpackungs-, Transport-, Entladungs- oder Transportversicherungskosten beim Kauf beweglicher Güter. Für Fahrzeuge sind etwa auch die Überführungskosten oder Zulassungskosten als Anschaffungsnebenkosten zu nennen. Ebenfalls gibt es Anschaffungsnebenkosten, die innerbetrieblich für die Aufstellung, Fundamentierung oder Montage des beschafften Anlagegutes anfallen können.

Nicht zu den Anschaffungsnebenkosten gehören Kreditzinsen, die im Zusammenhang mit der Finanzierung eines Vermögensgutes anfallen. Sie bilden Zinsaufwand und werden gesondert erfasst.

Nachträgliche Anschaffungskosten (nach Inbetriebnahme des Vermögensgutes) entstehen bspw. durch Straßenanliegerbeiträge oder Kanalanschlussgebühren beim Grundstückskauf, die zeitlich verzögert in Rechnung gestellt werden.

Einzel zuzuordnende **Anschaffungspreisminderungen** sind bspw. Preisnachlässe oder Preisabzüge. Dabei reduziert der **Rabatt** (bspw. als Mengenrabatt) direkt den Beschaffungspreis (Wert des Vermögensgegenstandes). Beispiel: Kauf einer Maschine für (netto) 10.000 € mit 1000 € Rabatt = 9000 €. In diesem Fall werden nur die 9000 € als Anschaffungskosten auf dem Maschinenkonto verbucht.

Skonti sind Preisnachlässe, die für die frühzeitige Zahlung gewährt werden. Beispiel: Kauf einer Maschine für netto 10.000 € zuzüglich 10 % Umsatzsteuer auf Rechnung. Gewährung von 2 % Skonto bei Zahlung innerhalb von 10 Tagen.

Zunächst ist in diesem Fall zu buchen:

Maschine 10.000 € und Vorsteuer 1000 € an Verbindlichkeiten aus LuL 11.000 €.

Wird innerhalb der Skontofrist gezahlt, lauten die Buchungen:

Verbindlichkeiten aus LuL 11.000 € an Bank 10.780 €, Vorsteuer 20 €, erhaltene Skonti/Lieferantennachlass 200 €.

Dabei ist das Konto erhaltene Skonti/Lieferantennachlass ein Unterkonto, das in diesem Fall über das Maschinenkonto abgeschlossen wird. Achtung: Es erfolgt also eine nachträgliche Korrektur des Wertes des Vermögensgutes!

Boni sind Preisnachlässe, die bspw. gewährt werden, wenn eine gewisse Umsatzhöhe erreicht wurde. Sie mindern nur dann die Anschaffungskosten, wenn sie einem Vermögensgegenstand einzeln zugeordnet werden können, was bei einem mengenabhängigen oder umsatzabhängigen Bonus in der Regel nicht der Fall ist.

4.3   Die Herstellungskosten

Auch die Herstellungskosten spielen für die Bewertung von Aktiva eine große Rolle. **Herstellungskosten** entstehen im Zusammenhang mit im Unternehmen selbst hergestellten Vermögensgegenständen, die am Bilanzstichtag noch vorhanden sind, bspw. selbsterstellte Anlagen (Gebäude, Maschinen, Fahrzeuge) sowie selbsterstellte unfertige und fertige Erzeugnisse, die für den Verkauf gedacht, aber noch nicht verkauft sind. Sie berechnen sich über folgende Formel:

Materialeinzelkosten (für verbrauchte Roh- und Hilfsstoffe) + **Fertigungseinzelkosten** (Löhne und Sozialversicherungen) + **Sondereinzelkosten der Fertigung** (für Modelle, Lizenzen, Spezialwerkzeuge) + **Materialgemeinkosten** (geschlüsselt, weil dem einzelnen Vermögensgut nicht zurechenbar, bspw. Kosten für Lagerung oder innerbetrieblicher Transport) + **Fertigungsgemeinkosten**

(geschlüsselt, bspw. Betriebskosten, Instandhaltungskosten für Fertigungsanlagen, Kosten der Arbeitsvorbereitung) + **Werteverzehr des Anlagevermögens** im Sinne von planmäßigen Abschreibungen auf für die Fertigung benötigte Anlagegüter = Herstellungskosten

Zusätzlich dürfen **(Wahlrecht)** auch folgende Positionen zu den Herstellungskosten addiert werden: Kosten der allgemeinen Verwaltung (bspw. für Rechnungswesen, Personal, Controlling, Telefonzentrale, Betriebsfeuerwehr), Aufwendungen für soziale Einrichtungen des Betriebs (Kantine, Kindergarten), Aufwendungen für freiwillige soziale Leistungen (Jubiläumszahlungen, Weihnachtszuwendungen), Aufwendungen für betriebliche Altersversorgung (Versicherungsprämien).

Nicht zu berücksichtigen sind dagegen Vertriebskosten und Forschungskosten.

4.4 Die Forderungen aus Lieferung und Leistung

Forderungen aus Lieferung und Leistung sind **Ansprüche auf Geldleistungen** (an einen Kunden des Unternehmens). Sie werden unabhängig vom Rechnungsdatum bilanziert, sobald die Leistung erbracht wurde **(Realisationsprinzip).** Forderungen aus Lieferung und Leistung werden in der Bilanz im Umlaufvermögen in Höhe des Nennwertes (einschließlich Umsatzsteuer) erfasst.

Beispiel

Verkauf von Waren auf Ziel im Wert von 10.000 € (+ 10 % Umsatzsteuer).

Buchungssatz: **Forderungen aus LuL** 11.000 € an Umsatzerlöse/ Warenverkauf 10.000 € und Umsatzsteuer 1000 €.

Sobald der Kunde die Forderung begleicht, bspw. per Überweisung, wird gebucht:

Buchungssatz: Bank an **Forderungen aus LuL** 11.000 €.

Obige Buchungen gelten für vollwertige (einwandfreie) Forderungen.

Forderungen gelten als **uneinbringlich,** wenn zweifelsfrei feststeht, dass sie in voller Höhe ausfallen werden (bspw. genügt die Insolvenzmasse des Schuldners nicht zur Deckung der Forderung oder eine Zwangsvollstreckung ist ohne Ergebnis verlaufen). Im Fall der zweifelsfrei uneinbringlichen Forderungen sind diese (inkl. der in Rechnung gestellten Umsatzsteuer) vollständig abzuschreiben. Beispiel für einen entsprechenden Geschäftsvorfall:

Verlust der Forderung aus dem Verkauf von Waren auf Ziel im Wert von 10.000 € (+10 % Umsatzsteuer).

Buchungssatz: **Abschreibung auf Forderungen aus LuL** 10.000 € und Umsatzsteuer 1000 € an **Forderungen aus LuL** 11.000 €.◄

Neben den „gewöhnlichen" Forderungen gibt es auch zweifelhafte und uneinbringliche Forderungen. In Abb. 4.2 sind die Forderungsarten zusammengefasst.

Forderungen gelten dagegen als **zweifelhaft,** wenn davon auszugehen ist, dass der Schuldner die ausstehende Zahlung nur teilweise begleichen wird, weil er bspw. auf Mahnungen nicht reagiert oder bereits ein Vergleichsverfahren eingeleitet wurde.

Buchungssatz: **Zweifelhafte Forderungen** an **Forderungen aus LuL.**

Gegebenenfalls kann ein Teil der zweifelshaften Forderungen auch noch abgeschrieben werden, aber nur mit dem Nettobetrag ohne Umsatzsteuer. Die Umsatzsteuer darf erst korrigiert werden, wenn die Forderung tatsächlich ausfällt. Erwartet das Unternehmen, dass in obigem Beispiel 80 % der Forderungen ausfallen werden, lautet die Buchung:

Buchungssatz: **Abschreibung auf Forderung aus LuL** an **Zweifelhafte Forderung** 8000 €.

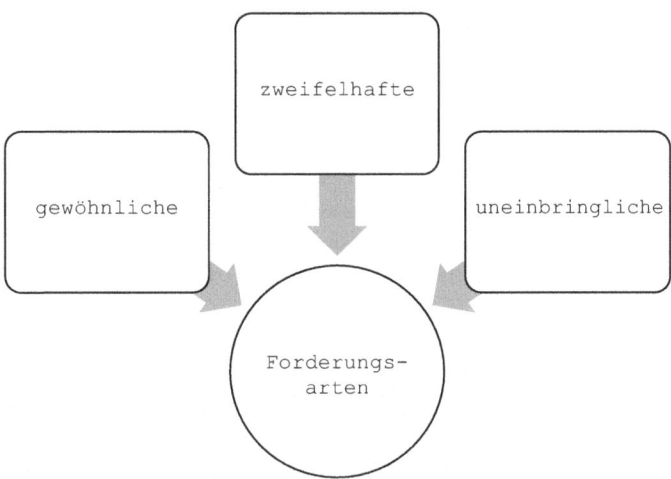

Abb. 4.2 Forderungsarten

4.5   Das Privatkonto

Bei Einzelunternehmen und Personengesellschaften wie der GbR oder OHG sind auch Privateinlagen und -entnahmen in bzw. aus dem Unternehmen möglich. **Einlagen** erhöhen das Eigenkapital, **Privatentnahmen** verringern das Eigenkapital. Diese Geschäftsvorfälle werden nicht direkt im Eigenkapitalkonto gebucht, sondern zunächst in einem **Privatkonto**. Einlagenbuchungen erfolgen dabei im Haben, Privatentnahmen im Soll.

Betrachten wir dazu den folgenden Geschäftsvorfall: **Barentnahme** von 500 € zu privaten Zwecken.

Buchungssatz: Privatentnahmen an Kasse 500 €.

Gehen wir jetzt einmal aus, dass ein Unternehmer kein Geld zu privaten Zwecken entnimmt, sondern er entnimmt eine Ware aus dem Unternehmen. So kann ein Händler für Sportartikel beispielsweise Sportschuhe aus dem Unternehmen in den Privatbesitz überführen. Der Unternehmer ist sozusagen sein eigener Kunde. In diesem Fall der **Sachentnahme** erfolgt die Bewertung immer zu Anschaffungs- und Herstellungskosten, nicht jedoch zu den üblichen Verkaufspreisen. Zu beachten ist dabei, dass die Warenentnahme umsatzsteuerpflichtig ist. Nehmen wir für den folgenden Buchungssatz einmal an, der Einkaufspreis der Sportschuhe sei 100 € zuzüglich 10 % Umsatzsteuer:

Buchungssatz: Unentgeltliche Wertabgaben/Privatentnahmen 110 an Entnahme durch den Unternehmer für Zwecke außerhalb des Unternehmens 100 und Umsatzsteuer 10.

Statt des Kontos Privatentnahmen wird in der Praxis hier oft das Unterkonto **Unentgeltliche Wertabgaben** genutzt. Wenn Sie erstmals mit Buchführung in Schule oder Studium in Berührung kommen, genügt es Ihren Lehrkräften oder Dozierenden aber in der Regel, wenn Sie den Geschäftsvorfall als Privatentnahme einstufen. Darüber hinaus ist das Konto „Entnahme durch den Unternehmer für Zwecke außerhalb des Unternehmens" inhaltlich mit dem Konto „Warenverkauf" oder „Umsatzerlöse" vergleichbar. Auch hier genügt es Lehrkräften oder Dozierenden oftmals, wenn Sie gerade erst damit begonnen haben, sich mit der Buchführung zu beschäftigen, den Geschäftsvorfall als Warenverkauf oder Umsatzerlös zu erfassen.

Eine weitere Besonderheit einer Privatentnahme stellt die sogenannte **Nutzungsentnahme** dar. Von dieser ist auszugehen, wenn Sie einen betrieblichen Gegenstand teilweise privat nutzen, wie das bspw. bei einem Dienstwagen häufiger der Fall ist. Auch die Nutzungsentnahme ist prinzipiell umsatzsteuerpflichtig, wobei es hier einige Besonderheiten gibt. Wenn Sie bspw. einen Dienstwagen mit einem Listenpreis von 40.000 € privat nutzen dürfen, können Sie gemäß der 1 %-Regelung 400 € pro Monat als Wert der privaten Nutzung unterstellen. Da es bei einem Fahrzeug auch Kosten gibt, die nicht der Umsatzsteuer unterliegen (Kraftfahrzeugsteuer, Versicherungen), kann für die Umsatzsteuerbetrachtung (und nur für diese) ein pauschaler Abschlag von 20 % auf den Monatswert vorgenommen werden, sodass in unserem Beispiel 320 € verbleiben, die umsatzsteuerpflichtig sind. Für diesen Fall ergibt sich dann bei einem Umsatzsteuersatz von 10 % der folgende Buchungssatz:

Unentgeltliche Wertabgaben/Privatentnahme 432 an Verwendung von Gegenständen für Zwecke außerhalb des Unternehmens mit Umsatzsteuer 320, Umsatzsteuer 32, Verwendung von Gegenständen für Zwecke außerhalb des Unternehmens ohne Umsatzsteuer 80.

Sie sehen also, am Ende kann das schnell recht kompliziert werden. Einem Konto im Soll (nämlich den „unentgeltlichen Wertabgaben", die zu Beginn der Buchführung auch gerne nur als „Privatentnahme" bezeichnet werden) stehen gleich 3 Konten im Haben gegenüber, wobei die „Verwendung von Gegenständen für Zwecke außerhalb des Unternehmens" mit und ohne Umsatzsteuer jeweils als Erlöskonto zu verstehen ist.

Erst am Jahresende erfolgt die Übertragung des Privatkontos auf das Eigenkapital mit folgenden Buchungssätzen:

Sind die Einlagen größer als die Entnahmen, dann gilt: **Privatkonto an Eigenkapitalkonto.**

Sind die Einlagen kleiner als die Entnahmen, dann gilt: **Eigenkapitalkonto an Privatkonto.**

4.6   Die Rückstellungen

Rückstellungen für ungewisse Verbindlichkeiten sind Schulden (Achtung: **Rücklagen** sind Teil des Eigenkapitals), bei denen der spätere Auszahlungstermin und/oder die exakte Höhe der Auszahlung ungewiss sind, die Ursache der Rückstellung aber im aktuellen Geschäftsjahr liegt.

Die Bildung einer Rückstellung führt zu Aufwand, mindert also den ausgewiesenen Gewinn im aktuellen Geschäftsjahr. Wird die Rückstellung „fällig", kommt es also zu einer Entscheidung zu Zeitpunkt und Höhe der Verbindlichkeit, dann ist die Rückstellung aufzulösen.

Beispiele für Rückstellungen sind:

Aufwandsrückstellungen stellen im Grunde Verpflichtungen gegenüber dem eigenen Unternehmen dar. Ein Beispiel dafür wäre: Die eigentlich notwendige

Wartung einer Maschine, die im Dezember (im alten Geschäftsjahr) ausgeführt werden sollte, wird aus betriebsbedingten Gründen in den Januar (in das neue Geschäftsjahr) verschoben. In diesem Fall ergeben sich die folgenden Buchungssätze:

Im Dezember: Instandhaltungsaufwand an Rückstellungen.

Im Januar: Rückstellungen an Bank.

Verbindlichkeitsrückstellungen entstehen dagegen gegenüber Dritten. Beispielsweise sind das Garantierückstellungen (gegenüber Kunden), Pensionsrückstellungen (gegenüber Mitarbeitern) oder Prozesskostenrückstellungen (gegenüber Klägern oder Steuerrückstellungen (gegenüber dem Finanzamt).

Prinzipiell ist es möglich, dass der tatsächliche Aufwand der Höhe nach exakt der Höhe der Rückstellung entspricht. Dann erfolgt die Buchung zur Auflösung der Rückstellung genauso, wie sie eben im Beispiel bereits angeben war. Es ist aber auch denkbar, dass der tatsächliche Aufwand betragsmäßig von der Rückstellung abweicht:

Ist der tatsächliche Aufwand kleiner als der Betrag der aufzulösenden Rückstellung, entsteht ein **sonstiger betrieblicher Ertrag.** Gehen wir für ein Beispiel einmal davon aus, der ursprüngliche Wert der Rückstellung sei 5000 € gewesen, der tatsächlich zu zahlende Betrag aber nur 4000 €. Der Buchungssatz lautet dann bspw.

Rückstellungen (5000) an Bank (4000), sonstiger betrieblicher Ertrag (1000).

In manchen Fällen wird das Konto der sonstigen betrieblichen Erträge auch durch ein Konto „Ertrag aus der Auflösung von Rückstellungen" ersetzt.

Tritt der umgekehrte Fall ein, dass die Rückstellung in zu kleiner Höhe gebildet wurde, dann ist noch ein **periodenfremder Aufwand** zu erfassen. Gehen wir für das Beispiel einmal davon aus, der Wert der Rückstellung sei 5000 €, der tatsächlich zu zahlende Betrag sei aber 7000 €. Dann lautet der Buchungssatz:

Rückstellungen (5000), periodenfremder Aufwand (2000) an Bank (7000).

Gerade bei Buchführungsanfängern wird manches Mal in Schule und Studium statt des periodenfremden Aufwands auch die Buchung eines sonstigen betrieblicher Aufwands toleriert.

4.7   Die Rechnungsabgrenzungsposten RAP

Wenn Zahlungen und **zeitraumbezogene** Leistungen (Mieten, Versicherungsbeiträge, Kreditzinsen) zum Bilanzstichtag auseinanderfallen, werden zur periodengerechten Erfolgsermittlung am Bilanzstichtag **Rechnungsabgrenzungsposten** gebildet.

Passive Rechnungsabgrenzungsposten entstehen, wenn erhaltene Voraus-
zahlungen für noch zu erbringende Leistungen vorliegen (das Unternehmen
„schuldet" noch die Leistungserbringung); **aktive** Rechnungsabgrenzungsposten
entstehen, wenn eine Zahlung erfolgt, bevor die Leistung erhalten wurde (das
Unternehmen „fordert" noch eine Leistungserbringung). In beiden Fällen läuft
also die Zahlung der Leistungserbringung voraus.

Beispiel

Das Unternehmen X zahlt am 31.12. des Jahres 1 an Unternehmen Y die
Büromiete für das kommende Jahr 2 in Höhe von 30.000 € in bar.
   Unternehmen X verbucht die Auszahlung wie folgt:
   am 31.12. Jahr 1: **aRAP** an Kasse 30.000 €.
   am 31.12. Jahr 2: Mietaufwand an **aRAP** 30.000 €.
   Es handelt sich um einen aktiven RAP im Sinne einer Forderung auf
Leistungserbringung.
   Unternehmen Y verbucht die Einzahlung wie folgt:
   am 31.12. Jahr 1: Kasse an **pRAP** 30.000 €.
   am 31.12. Jahr 2: **pRAP** an Mietertrag 30.000 €.
   Es handelt sich um einen passiven RAP im Sinne einer geschuldeten
Leistungserbringung. ◄

Erfolgt in obigem Beispiel die Zahlung am 1.10. des Jahres 1 (für eine Vertrags-
laufzeit bis zum 30.9. des Jahres 2), dann werden die dazugehörigen RAP anteilig
erst **zum Bilanzstichtag** (31.12.) gebucht, also für das Unternehmen Y:
   Am 01.10. Jahr 1: Kasse an Mietertrag 30.000 €.
   Am 31.12. Jahr 1: Mietertrag an **pRAP** 22.500 € (9/12 von 30.000 €).
   Am 31.12. Jahr 2: **pRAP** an Mietertrag 22.500 €.
   Somit werden die Rechnungsabgrenzungsposten aufgelöst, wenn die Leis-
tungserbringung erfolgt.

Buchungen innerhalb der GuV-Konten 5

Inhaltsverzeichnis

Jetzt können wir Geschäftsvorfälle betrachten, die direkten Einfluss auf den Jahresüberschuss haben. Doch dazu müssen wir zunächst einmal die verschiedenen Rechengrößen auseinanderhalten, denn dem Begriff des Aufwands kommt jetzt eine besondere Bedeutung zu.

5.1 Die Strömungsgrößen

In vorangegangenen Abschnitten wurde bereits, was leider nicht zu vermeiden war, der Begriff des **Aufwands** genutzt, ohne dass dieser bisher exakt definiert wurde. Das wollen wir nun nachholen. Als Strömungsgrößen, manches Mal auch Stromgrößen, werden die zeitraumbezogenen Rechengrößen bezeichnet, mit denen im Rechnungswesen gearbeitet wird. Insgesamt sind acht Strömungsgrößen zu unterscheiden, die in Abb. 5.1 dargestellt sind.

Die Unterscheidung der Strömungsgrößen fällt vielen Studierenden und der Schülerschaft schwer, weil wir in der deutschen Allgemeinsprache die Begriffe

© Der/die Autor(en), exklusiv lizenziert an Springer Fachmedien Wiesbaden
GmbH, ein Teil von Springer Nature 2025
S. Georg und L. J. Georg, *Einfach nur Buchführung*, essentials,
https://doi.org/10.1007/978-3-658-48740-9_5

Abb. 5.1 Strömungsgrößen

oft synonym verwenden. Schauen wir uns jetzt aber die Bedeutung der einzelnen Rechengrößen im Rechnungswesen an.

- Eine **Einzahlung** ist eine Erhöhung des Zahlungsmittelbestands (Erhöhung von Kasse bzw. Bank).
- Eine **Auszahlung** ist eine Minderung des Zahlungsmittelbestand (Verminderung von Kasse bzw. Bank).

Einzahlungen und Auszahlungen betreffen somit den **Zahlungsmittelbestand,** also den Bestand an liquiden Mitteln (Bargeld in der Kasse, Sichtguthaben bei der Bank). Manche sprechen beim Zahlungsmittelbestand auch vom Barvermögen eines Unternehmens, was aber missverständlich sein kann, da auch das Buchgeld auf dem Geschäftskonto eines Unternehmens zum Zahlungsmittelbestand zählt. In Abb. 5.2 sind die Einflussgrößen auf den Zahlungsmittelbestand dargestellt.

Von Ein- und Auszahlungen sind Einnahmen und Ausgaben zu unterscheiden.

- Eine **Einnahme** erfasst die Erhöhung des Geldvermögens und damit den Wert der in einer Periode verkauften Güter und Leistungen.
- Eine **Ausgabe** beschreibt dagegen eine Minderung des Geldvermögens und damit der Wert in einer Periode eingekauften Güter und Dienstleistungen.

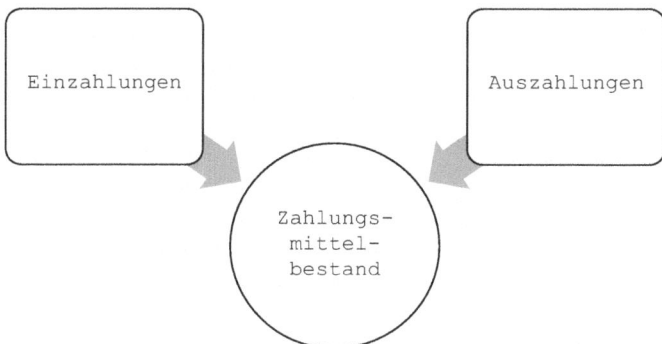

Abb. 5.2 Einfluss auf den Zahlungsmittelbestand

Das **Geldvermögen** berechnet sich als Zahlungsmittelbestand + Forderungen − Verbindlichkeiten. Die Einflussfaktoren auf das Geldvermögen können Sie auch aus Abb. 5.3 erkennen.

Hinweis: Bei Barzahlung des Käufers einer betrieblichen Leistung fallen Einnahme und Einzahlung zusammen. Dagegen läuft die Einzahlung der Einnahme nach, wenn der Verkauf der betrieblichen Leistung erst später zu einer Einzahlung führt („Kauf auf Rechnung", „Kauf auf Ziel").

Aufwand und Ertrag drücken Veränderungen des Reinvermögens aus.

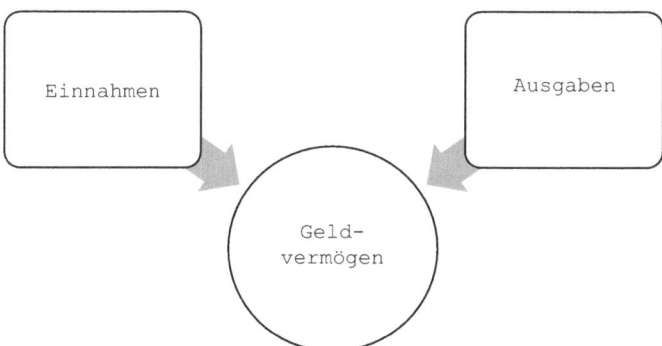

Abb. 5.3 Einflussfaktoren auf das Geldvermögen

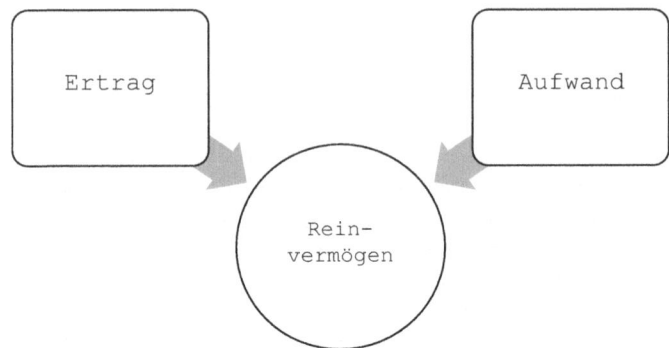

Abb. 5.4 Einflussfaktoren auf das Reinvermögen

- **Aufwand** beschreibt die betriebsbedingte Minderung des Eigenkapitals;
- **Ertrag** stellt dagegen die Erhöhung des betriebsbedingten Eigenkapitals dar.

Minderung und Erhöhung sind betriebsbedingt, wenn die Ursache dafür nicht Kapitaleinlagen oder Kapitalentnahmen darstellen. Somit beschreibt der Aufwand den Wert aller verbrauchten Sachgüter, Dienstleistungen und Immaterialgüter, also die Minderung des sogenannten **Reinvermögens** (=Eigenkapital) als Summe aus Geldvermögen und Sachvermögen. Dabei bildet das Sachvermögen den Bestand an materiellen (bspw. Rohstoffe, Maschinen) und immateriellen (bspw. Patente, Lizenzen) Vermögensgegenständen ab. Die Einflussfaktoren auf das Reinvermögen werden auch in Abb. 5.4 gezeigt.

Abschließend sind noch Kosten und Leistungen (Betriebserträge) zu nennen.

- **Kosten** beschreiben den Werteverzehr im Zusammenhang mit der eigentlichen betrieblichen Leistungserstellung.
- **Leistungen** (bzw. **Betriebserträge**) umfassen der Wert, der im Zusammenhang mit der eigentlichen betrieblichen Leistungserstellung geschaffen wird.

In den meisten Fällen entsprechen sich Aufwand und Kosten. Es gibt aber auch Ausnahmen, bspw. den **neutralen Aufwand,** bei dem zwar Aufwand zu beobachten ist, aber keine Kosten entstehen. Eine betriebliche Spende an eine karitative Einrichtung stellt bspw. Aufwand dar, aber keine Kosten, denn Spenden sind für die eigentliche betriebliche Leistungserstellung nicht notwendig. In diesem Beispiel handelt es sich beim neutralen Aufwand um **betriebsfremden Aufwand**. Weitere Möglichkeiten des neutralen Aufwands bilden der **außerordentliche Aufwand** (bspw. hervorgerufen durch einen nichtversicherten Feuerschaden) und der **periodenfremde Aufwand** (bspw. durch eine Steuernachzahlung für ein vergangenes Geschäftsjahr).

Eine weitere Besonderheit, bei der sich Aufwand und Kosten unterscheiden, stellt die Situation dar, bei der Kosten verrechnet werden, obwohl kein Aufwand festgestellt werden kann. Konkret handelt es sich hierbei um **Zusatzkosten**. Ein Beispiel für Zusatzkosten stellt ein kalkulatorischer Unternehmerlohn dar. Die Inhaber einer Einzelgesellschaft („Einzelkaufleute") oder die Inhaber einer Personengesellschaft (bspw. GbR, OHG) erhalten kein Gehalt für ihre unternehmerische Tätigkeit, sondern müssen ihre Entlohnung aus dem Gewinn des Unternehmens entnehmen. Dadurch, dass sie keine definierte Entlohnung erhalten, entsteht kein Aufwand. Vielmehr erheben die Gesellschafter, wie gerade bereits gesagt, Ansprüche auf eine Gewinnentnahme. Damit der für diese Entnahme benötigte Gewinn ausreichend hoch ausfallen kann, ist es in diesen Fällen möglich, einen **kalkulatorischen Unternehmerlohn** als „Ersatzkosten für die ausbleibenden Gehaltszahlungen" anzusetzen.

Wie schon erwähnt wurde, in der Praxis macht das Thema der Strömungsgrößen vielen Studierenden und der Schülerschaft oftmals große Probleme, da wir in der allgemeinen deutschen Sprache zwischen den Begriffen nicht unterscheiden. Wenn wir jemanden fragen, wieviel seine neue Jacke gekostet hat, dann fragen wir eigentlich danach, was diese Person für die Jacke bezahlt hat; wir verwenden in der allgemeinen Sprache Auszahlungen und Kosten also synonym. Wie wir aber gesehen haben, beschreiben die Begriffe im Rechnungswesen völlig unterschiedliche Sachverhalte. Beachten Sie in diesem Zusammenhang unbedingt:

- **Tilgungsleistungen** (von Krediten bzw. Verbindlichkeiten) führen zu Auszahlungen, aber weder zu Aufwand noch zu Kosten. Sie sind erfolgsneutral, beeinflussen also nicht die Höhe des Eigenkapitals.
- **Abschreibungen** (Wertminderungen bspw. für Sachanlagen) stellen Aufwand und in der Regel auch Kosten dar, die Ausgabe erfolgt aber bereits in der Vergangenheit (bei der Beschaffung der Sachanlagen).
- **Kapitaleinlagen** führen zu Einzahlungen, stellen aber keine Erträge dar. Entsprechend führen **Gewinnentnahmen** zu Auszahlungen, aber nicht zu Aufwand.

Betrachten wir abschließend einige Geschäftsvorfälle und die sich daraus ergebenden Strömungsgrößen:

1. Barkauf von Rohstoffen im Wert von 100 €:
   Auszahlungen 100, Ausgaben 100, Aufwand 0, Kosten 0
2. Verbrauch von Rohstoffen im Wert von 50 € im Rahmen der eigentlichen betrieblichen Leistungserbringung:
   Auszahlungen 0, Ausgaben 0, Aufwand 50, Kosten 50
3. Sofortabschreibung eines betrieblich genutzten geringwertigen Wirtschaftsgutes im Wert von 30 €, das noch nicht bezahlt ist:
   Auszahlungen 0, Ausgaben 30, Aufwand 30, Kosten 30
4. Investition in Höhe von 80.000 € durch Banküberweisung in den Ausbau der Lagerhalle
   Auszahlungen 80.000, Ausgaben 80.000, Aufwand 0, Kosten 0
5. Abschreibung der Lagerhalle in Höhe von 9000 €
   Auszahlungen 0, Ausgaben 0, Aufwand 9000, Kosten 9000
6. Zahlung von Kreditzinsen in Höhe von 500 €
   Auszahlungen 500, Ausgaben 0, Aufwand 500, Kosten 500

5.2   Die Erfolgskonten

Der betriebliche Erfolg (= **Jahresüberschuss** bzw. Jahresfehlbetrag) berechnet sich als Differenz von der Summe der Erträge und der Summe der Aufwendungen, das wissen wir bereits. Um den Erfolg berechnen zu können, benötigen wir demnach einen guten Überblick über die erwirtschafteten Erträge und die angefallenen Aufwendungen.

Typische **Ertragskonten** sind beispielsweise: Erträge aus Warenverkäufen, Umsatzerlöse, Zinserträge, Mieterträge, Erträge aus der Auflösung von Rückstellungen, Bestandserhöhungen, steuerpflichtiger Eigenverbrauch, Warenentnahmen/Leistungsentnahmen für private Zwecke.

Typische **Aufwandskonten** sind beispielsweise: Wareneinsatz, Bestandsminderungen, Löhne, Gehälter, Personalaufwand, Abschreibungen, Miete, Reiseaufwand, Versicherungsaufwand, Aufwendungen des Geldverkehrs, Energieaufwand.

Aufwendungen werden im Soll gebucht, Erträge werden im Haben gebucht. Damit lauten die Buchungssätze für erfolgswirksame Geschäftsvorfälle:

- Aufwandskonto an Bestandskonto (bspw. Lohnaufwand an Bank)
- Bestandskonto an Ertragskonto (bspw. Kasse an Umsatzerlöse)

Der Abschluss der Erfolgskonten erfolgt über die **Gewinn- und Verlustrechnung (GuV).** Dabei besteht ein **Saldierungsverbot,** d. h. korrespondierende Konten wie Zinserträge und Zinsaufwand dürfen *nicht* miteinander verrechnet werden, sondern sie sind einzeln auszuweisen. Der Abschluss der Salden (Schlussstände) aller Erfolgskonten erfolgt mittels folgender Buchungssätze:
GuV-Konto an Aufwandskonto.
Ertragskonto an GuV-Konto.
Somit werden in der Gewinn- und Verlustrechnung die Aufwendungen im Soll und die Erträge im Haben ausgewiesen.

Sind alle Schlussstände der Erfolgskonten auf das GuV-Konto verbucht, kann durch Vergleich der Summe der Erträge mit der Summe der Aufwendungen der Jahresüberschuss bzw. Jahresfehlbetrag ermittelt werden:

- Ist die Summer der Erträge insgesamt größer als die Summe der Aufwendungen, dann entsteht ein **Jahresüberschuss,** der als Saldo auf der Aufwandsseite in der GuV erfasst wird, sodass beide Seiten der GuV in der Summe ausgeglichen sind.
- Ist die Summe der Erträge insgesamt kleiner als die Summe der Aufwendungen, dann entsteht ein **Jahresfehlbetrag,** der als Saldo auf der Ertragsseite in der GuV erfasst wird, sodass beide Seiten der GuV in der Summe ausgeglichen sind.

Die **Abschlussbuchungen** für das GuV-Konto lauten dann:

- bei einem Jahresüberschuss: GuV-Konto an Eigenkapitalkonto
- bei einem Jahresfehlbetrag: Eigenkapitalkonto an GuV-Konto

Letztendlich ist dann noch das Eigenkapitalkonto auf das Schlussbilanzkonto zu übertragen.
Buchungssatz: Eigenkapitalkonto an Schlussbilanzkonto.
Damit sind wir jetzt dazu bereit, uns ein paar besondere Aufwands- und Ertragsarten und deren Verbuchung anzuschauen.

5.3   Die planmäßigen Abschreibungen

Es gibt **nicht-abnutzbare** (unbebaute Grundstücke, Beteiligungen, Kunstgegenstände) und **abnutzbare Vermögensgegenstände** (alle anderen Positionen des Anlagevermögens) mit begrenzter Nutzungszeit. Die Ursachen der Abnutzung sind **technischer Natur** (Verschleiß), haben **zeitliche Gründe** (Ablauf einer Lizenz oder eines Patentes, Alterung) oder **wirtschaftliche Gründe** (technischer Fortschritt).

Abnutzbare Vermögenswerte des Anlagevermögens werden planmäßig abgeschrieben, d. h. es wird eine regelmäßige Wertminderung verbucht. Einerseits reduzieren die **Abschreibungen** also den Wert der Vermögensgegenstände **(Bilanzwirkung)**; andererseits verteilen sie die Ausgaben für den Vermögensgegenstand als Aufwand periodengerecht auf den Nutzungszeitraum **(GuV-Wirkung)**.

Die **Abschreibungsbasis** bilden die Anschaffungs- und Herstellungskosten, evtl. vermindert um einen planbaren Restwert am Ende der Nutzungsdauer (selten).

Die **planmäßige Nutzungsdauer** der Vermögensgegenstände ist in Afa-Tabellen („Absetzung für Abnutzung", Begriff aus dem Steuerrecht) hinterlegt.

Die Abschreibung beginnt zum Zeitpunkt der Anschaffung oder Fertigstellung und wird im ersten Jahr zeitanteilig nach Monaten verrechnet. Am Ende der planmäßigen Nutzungsdauer hat der Vermögenswert (im Regelfall) den Wert 0, es sei denn, der Vermögenswert wird weiterhin im Unternehmen genutzt, weshalb dann an den Vermögenswert mit einem Wert von 1 € erinnert wird.

Zur Berechnung der Höhe der planmäßigen Abschreibungen (Wertminderungen) kommen verschiedene **Abschreibungsverfahren** in Betracht, die in Abb. 5.5 zusammengefasst sind.

Bei der **linearen Abschreibung** (handelsrechtlich und steuerrechtlich zulässig) wird die Abschreibungsbasis in gleichen Beträgen über den Nutzungszeitraum verteilt.

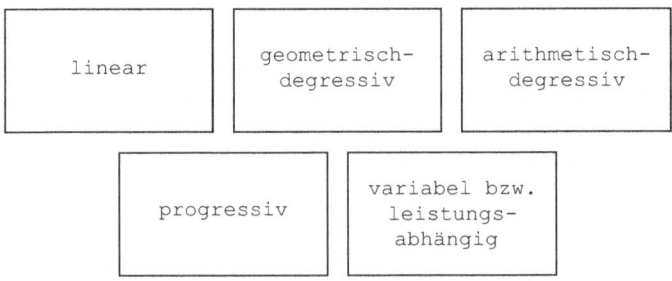

Abb. 5.5 Abschreibungsverfahren

Beispiel

Ausgabe (Abschreibungsbasis) für ein Fahrzeug: 30.000 €, Nutzungsdauer: 6 Jahre.

linearer Abschreibungsbetrag: 30.000 €/6 Jahre = 5000 €/Jahr.

Buchungssatz: Abschreibungen an Fuhrpark 5000 €.

Die lineare Abschreibung ist sinnvoll, wenn von einem gleichmäßigen Werteverzehr über die Nutzungsdauer auszugehen ist, was bei einem Fahrzeug eher nicht der Fall ist.◄

Bei der **geometrischen Abschreibung** (besser: geometrisch-degressiven Abschreibung) entspricht der Abschreibungsbetrag im ersten Jahr einem festzulegenden Prozentsatz der Anschaffungs- und Herstellungskosten. In den Folgejahren wird dieser Prozentsatz immer auf den Restwert der Vermögensgegenstandes angewandt. Im Vergleich zur linearen Abschreibung führt die geometrisch-degressive Abschreibung zunächst zu höheren, später dann zu niedrigeren Abschreibungsbeträgen. Betrachten wir dazu das folgende Beispiel:

Ausgabe (Abschreibungsbasis) für ein Fahrzeug: 30.000 €, Abschreibungsprozentsatz: 25 %

Abschreibung im 1. Jahr: 25 % von 30.000 € = 7500 €, Restwert: 22.500 €.

Abschreibung im 2. Jahr: 25 % von 22.500 € = 5625 €, Restwert: 16.875 €.

Abschreibung im 3. Jahr: 25 % von 16.875 € = 4219 €, Restwert: 12.656 €.

Da diese Methode nicht zu einem Restwert von 0 führen kann, wird sie nach einigen Jahren in die lineare Abschreibung überführt. Der (ideale) Zeitpunkt der Überführung t berechnet sich als:

t = Nutzungsdauer + 1 − 100/p (wobei p den Abschreibungsprozentsatz beschreibt).

Im Beispiel führt dies zu folgendem Zeitpunkt des Methodenwechsels: t = 6 + 1 − 100/25 = 3.

Die geometrisch-degressive Abschreibung ist sinnvoll, wenn der (objektive) Wertverlust im ersten Jahr am größten ist und in den Folgejahren immer kleiner wird.

Die **arithmetisch-degressive Abschreibung** ist handelsrechtlich, aber nicht steuerrechtlich zulässig. In diesem Fall reduzieren sich die Abschreibungsbeträge von Jahr zum Jahr um den gleichen Differenzbetrag. Dabei entspricht der Differenzbetrag gleichzeitig auch dem letzten Abschreibungsbetrag.

Der **Differenzbetrag** ermittelt sich über die Formel (Anschaffungs- und Herstellungskosten – Restwert am Ende der Nutzungsdauer)/Summe der Jahresziffern. Beispiel:

$D = 30.000$ €$/(1 + 2 + 3 + 4 + 5 + 6) = 30.000$ €$/21 = 1428,57 =$ Abschreibung im Jahr 6.

Abschreibung im Jahr 5: 2 mal 1428,57 € = 2857,14 €.

Abschreibung im Jahr 4: 3 mal 1428,57 € = 4285,71 €.

Abschreibung im Jahr 3: 4 mal 1428,57 € = 5714,29 €.

Abschreibung im Jahr 2: 5 mal 1428,57 € = 7142,86 €.

Abschreibung im Jahr 1: 6 mal 1428,57 € = 8571,43 €.

Somit wird auch bei dieser Methode am Anfang viel Aufwand und dann von Jahr zu Jahr immer weniger Aufwand verbucht.

Die **progressive Abschreibung** kehrt die degressive Abschreibung um (wachsender Aufwand in der Zukunft). Diese Methode ist steuerrechtlich immer, handelsrechtlich meistens verboten (Ausnahme: Unternehmen in Gründung). Dagegen kann sie für die Kostenrechnung als Teil des internen Rechnungswesens durchaus sinnvoll sein, wenn von steigenden Absatzzahlen auszugehen ist, auf die sich die Abschreibungen kalkulieren lassen.

Bei der **leistungsbezogenen/variablen Abschreibung** werden die Anschaffungs- und Herstellungskosten zunächst auf die erwartbare Gesamtleistungsmenge verrechnet, sodass ein Abschreibungsbetrag je Leistungseinheit entsteht. Danach wird dieser Betrag mit der Leistungsmenge des jeweiligen Abrechnungszeitraums multipliziert.

Beispiel

Ausgabe für ein Fahrzeug: 30.000 €, erwartbare Gesamtleistung: 150.000 km, aktuelle Jahresleistung 20.000 km.

Abschreibungsbetrag je Leistungseinheit: 30.000 €/150.000 km = 0,2 € je km.

Abschreibung im aktuellen Jahr: 20.000 km mal 0,2 € je km = 4000 €.

Das Verfahren ist handelsrechtlich und steuerrechtlich für bewegliche Anlagegüter zulässig, aber nur sinnvoll anwendbar ist, wenn die Gesamtleistungsmenge zuverlässig abgeschätzt werden kann.◄

5.4   Die außerplanmäßigen Abschreibungen

Neben den planmäßigen Abschreibungen, welche den erwartbaren Werteverzehr der Betriebsmittel beschreiben, gibt es immer wieder auch Anlässe zu außerplanmäßigen Abschreibungen aufgrund besonderer Umstände. Die Basis außerplanmäßiger Abschreibungen bildet das **Vorsichtsprinzip** als dominierender Grundsatz des deutschen Bilanzrechts. Kein Kaufmann darf sich reicher rechnen, als er ist.

Die **Wertobergrenze** der Vermögenswerte bilden die Anschaffungs- und Herstellungskosten. Steigt der tatsächliche Wert über diese Wertobergrenze, so bleibt diese Steigerung aufgrund des **Realisationsprinzips** unberücksichtigt. Das bedeutet, solche Wertsteigerungen werden erst dann buchhalterisch erfasst, wenn sie realisiert wurden. Betrachten wir dazu das folgende Beispiel: Ein Grundstück wurde vor 20 Jahren für 100.000 € gekauft, hat heute aber einen Wert von 250.000 €. Die Wertsteigerung wird innerhalb der Buchführung erst dann erfasst, wenn sie realisiert wurde, wenn das Grundstück also für 250.000 € verkauft wurde.

Sinkt der Wert des Vermögensgegenstandes unter seinen eigentlichen Buchwert, dann

- muss eine außerplanmäßige Abschreibung bei Vermögenswerten des Umlaufvermögens vorgenommen werden (strenges Niederstwertprinzip)
- muss eine außerplanmäßige Abschreibung bei Vermögenswerten des Anlagevermögens vorgenommen werden, wenn davon auszugehen ist, dass eine andauernde Wertminderung des Vermögensgegenstandes vorliegt
- kann eine außerplanmäßige Abschreibung bei Vermögenswerten des Finanzanlagevermögens vorgenommen werden (gemildertes Niederstwertprinzip), wobei bei Nutzung dieser Möglichkeit wieder eine Zuschreibung vorzunehmen ist, wenn der Grund für die außerplanmäßige Abschreibung entfällt (striktes Wertaufholungsgebot).

Für außerplanmäßige Abschreibungen kann es grundsätzlich wirtschaftliche (bspw. Wertverfall aufgrund der Änderung der Konsumentennachfrage) oder technische Gründe (bspw. dauerhafte Beschädigung des Vermögenswertes oder Verlust des Vermögenswertes) geben. Beispiel: Ein Werkzeug im Wert von 2000 € ist dauerhaft verschwunden.

Buchungssatz: Außerplanmäßige Abschreibung an Technische Anlagen und Maschinen 2000 €.

5.5 Das Warenkonto

Eine besondere Bedeutung kommt dem Warenkonto zu, mit dem eine ganze Reihe von Besonderheiten einhergehen. Handelsunternehmen führen **Warenkonten,** selten als gemischtes Warenkonto, dagegen oft getrennt nach Warenbezugskonto bzw. **Wareneinkaufskonto** (Geschäftsvorfälle mit Lieferanten, bewertet zu Einkaufspreisen; Endbestand laut Inventur, Differenz ist Warenverbrauch/Wareneinsatz) und **Warenverkaufskonto** (Geschäftsvorfälle mit Kunden, bewertet zu Verkaufspreisen). Abb. 5.6 gibt einen Überblick über die beiden Hauptvarianten.

Dabei ist das Warenverkaufskonto ein reines **Erfolgskonto,** das Wareneinkaufskonto ein **gemischtes Konto,** weil es einerseits den **Wareneinsatz** zeigt (Aufwandskonto), andererseits aber auch den **Warenbestand** (Bestandskonto).

Ein **einheitliches Warenkonto,** das Warenbezüge und Warenverkäufe gemeinsam erfasst, ist denkbar, aber unübersichtlich, da Warenbezüge zu Einkaufspreisen, Warenverkäufe zu Verkaufspreisen bewertet sind.

Betrachten wir nun den häufigen Fall, dass getrennt ein Wareneinkaufskonto und ein Warenverkaufskonto geführt wird:

- Auf dem Wareneinkaufskonto werden dann der Warenanfangsbestand, die Warenzugänge, der Warenendbestand und der Wareneinsatz (also die Warenabgänge) zu Einkaufspreisen erfasst.
- Auf dem Warenverkaufskonto erfassen wie die Warenverkäufe (und eventuelle Rücksendungen verkaufter Waren) zu Verkaufspreisen.

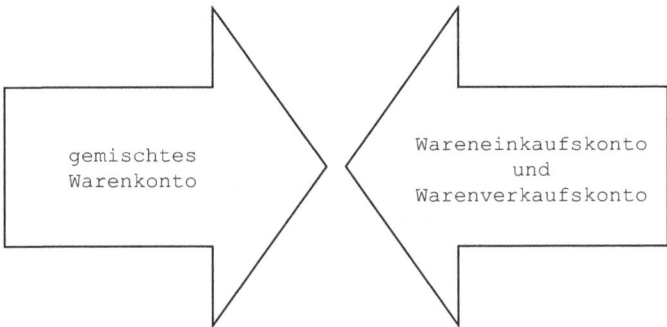

gemischtes
Warenkonto

Wareneinkaufskonto
und
Warenverkaufskonto

Abb. 5.6 Formen des Warenkontos

Am Ende des Jahres (des Abrechnungszeitraums) werden beim **Brutto-Verfahren** der Wareneinsatz des Wareneinkaufskontos (zu Einkaufspreisen) und die Summe der Warenverkäufe des Warenverkaufskonto (zu Verkaufspreisen) getrennt in die GuV überführt. Die dazugehörigen Buchungssätze lauten:
GuV-Konto an Wareneinkaufskonto.
Warenverkaufskonto an GuV-Konto.
Dagegen wird beim **Netto-Verfahren** zunächst der Wareneinsatz des Wareneinkaufskontos über das Warenverkaufskonto abgerechnet und danach der auf dem Warenverkaufskonto ermittelte Rohgewinn bzw. Rohverlust an die GuV übertragen. Der erste Buchungssatz zur Übertragung des gesamten Wareneinsatzes zu Einkaufspreisen an das Warenverkaufskonto lautet dann:
Warenverkaufskonto an Wareneinkaufskonto.
Danach ist in einem zweiten Buchungssatz der Saldo des Warenverkaufskontos auf die GuV zu übertragen:

* Entsteht ein Warenrohgewinn (und damit ein Habensaldo des Warenverkaufskontos), dann lautet der Buchungssatz: **Warenverkaufskonto an GuV-Konto**
* Entsteht dagegen ein Warenrohverlust (und damit ein Sollsaldo des Warenverkaufskontos), dann lautet der Buchungssatz: **GuV-Konto an Warenverkaufskonto**

Das Brutto-Verfahren gilt bezüglich der GuV als aussagekräftiger, weil man dann in der GuV die absoluten Höhen des Wareneinsatzes und des Warenverkaufs erkennen kann, wohingegen beim Netto-Verfahren nur die Differenz aus Warenverkauf und Wareneinsatz in die GuV übertragen wird. Eine Differenz von 50 € kann aus einem Warenverkauf von 200 € bei einem Wareneinsatz von 150 € entstehen, aber auch aus einem Warenverkauf von 30.000 € bei einem Wareneinsatz von 29.950 €. Während im ersten Fall ein prozentual hoher Rohgewinn bzgl. des Wareneinsatzes realisiert wird, ist der prozentuale Rohgewinn im zweiten Fall sehr klein.
Betrachten wir nun noch einige Sonderfälle, die im Warenverkehr auftreten können.

Unfreiwilliger Warenverbrauch

Ein **unfreiwilliger Warenverbrauch,** also ein unfreiwilliger Wareneinsatz (bspw. aufgrund von Schwund, Diebstahl oder Verderb), wird als sonstiger betrieblicher Aufwand erfasst.

Buchungssatz: Sonstiger   betrieblicher   Aufwand   an
Wareneinkauf(skonto). ◄

Gewährung von Rabatten

Werden im Rahmen von Preisverhandlungen im Zuge des Einkaufs oder
Verkaufs von Waren **Rabatte** gewährt, so mindern diese direkt den Anschaffungspreis. Diese Rabatte müssen also nicht gesondert gebucht werden. ◄

Nachträgliche Gewährung von Rabatten oder Boni

Es ist denkbar, dass ein Unternehmen **im Nachgang** eines Warenkaufs einen
Preisnachlass erhält, bspw. aufgrund von Mängeln bei der gelieferten Ware
oder aufgrund des Erreichens einer Umsatzschwelle. In diesem Fall sind
die Preisnachlässe zunächst auf einem eigenen Konto (**Lieferantenboni**) zu
erfassen, bspw. über den Buchungssatz: Bank an Lieferantenboni.

Bei Abschluss des Geschäftsjahres sind die Lieferantenboni dann aber über
das Wareneinkaufskonto abzuschließen, d. h. die Lieferantenboni mindern den
Einkaufspreis der Ware und damit letztlich den Wareneinsatz. Der dazugehörige Buchungssatz lautet dann: Lieferantenboni an Wareneinkaufskonto.

Vergleichbares gilt, wenn ein Unternehmen im Nachgang eines Warenverkaufs einen Preisnachlass gewährt. Man spricht dann von einem **Kundenbo-
nus**. Auch in diesem Fall sind die Preisnachlässe zunächst auf einem eigenen
Konto zu erfassen, bspw. über den Buchungssatz: Kundenboni an Bank.

Bei Abschluss des Geschäftsjahres sind die Kundenboni dann aber über
das Warenverkaufskonto abzuschließen, d. h. die Kundenboni mindern den
Verkaufspreis der Ware und damit die Umsatzerlöse. Der dazugehörige
Buchungssatz lautet dann: Warenverkaufskonto an Kundenboni. ◄

Skonto

Das **Skonto** stellt einen besonderen Rabatt für schnelle Bezahlung dar. Es
spielt beim Kauf von Waren auf Rechnung (Lieferantenskonto, **Skontoertrag**)
und beim Verkauf von Waren auf Rechnung (Kundenskonto, **Skontoaufwand**)
eine Rolle.

Vergleichbar mit den Boni wird zunächst ein Skontoertrag (beim Waren-
einkauf) bzw. Skontoaufwand (beim Warenverkauf) verbucht. Die typischen
Buchungssätze lauten:

Verbindlichkeiten aus Lieferung und Leistung an Skontoertrag bzw.

Skontoaufwand an Forderungen aus Lieferung und Leistung.

Bei Abschluss der Konten am Ende des Jahres (Abrechnungszeitraums) sind die Konten Skontoertrag bzw. Skontoauftrag dann über die Wareneinkaufs- und Warenverkaufskonten abzuschließen. Die Abschlussbuchungssätze lauten demnach:

Skontoertrag an Wareneinkaufskonto bzw.

Warenverkaufskonto an Skontoaufwand.◄

5.6 Der Finanzierungsaufwand und das Disagio

Finanzierungsaufwand entsteht bspw. dadurch, dass für Verbindlichkeiten gegenüber Kreditinstituten **Fremdkapitalzinsen** zu zahlen sind. Der Buchungssatz hierfür lautet bspw.:

Zinsaufwand an Bank.

Manches Mal fällt aber auch im Zuge einer Kreditaufnahme ein sogenanntes **Disagio** an. Das Disagio beschreibt einen Abschlag vom Nennwert eines vereinbarten Betrags und stellt insofern dann auch Finanzierungsaufwand dar, wenn man zwar einen Kredit mit einem Nennwert von 100.000 € aufnimmt, aber nur 98.000 € ausgezahlt werden. Das Disagio beträgt in diesem Fall also 2000 € und stellt im Grunde einer vorweggenommene Zinszahlung dar.

Handelsrechtlich besteht für das Disagio ein **Aktivierungswahlrecht.** Das bedeutet, zum Zeitpunkt der Kreditaufnahme hat das buchende Unternehmen zwei Möglichkeiten:

- Entweder es **aktiviert** das Disagio als **aktiven Rechnungsabgrenzungsposten** und schreibt diesen über die Kreditlaufzeit ab *oder*
- das Unternehmen verrechnet das Disagio zum Zeitpunkt der Kreditaufnahme direkt in voller Höhe als **Zinsaufwand.**

Erfolgt die direkte Verbuchung als Zinsaufwand, dann wird dieser Betrag nur dem Jahr der Kreditaufnahme angelastet und reduziert in vollem Umfang den Jahresüberschuss. Hingegen wird bei Aktivierung des Disagios als aktiver Rechnungsabgrenzungsposten der Zinsaufwand auf die Laufzeit des Kredits verteilt und reduziert so nach und nach in den Folgejahren der Kreditlaufzeit den Unternehmensgewinn.

Der **Buchungssatz** lautet damit bei direkter Verrechnung als Aufwand:

Bank 98.000 und Zinsaufwand 2000 an Verbindlichkeiten gegenüber Kreditinstituten 100.000.

Entsprechend lauten die Buchungssätze bei Aktivierung des Disagios:

zum Zeitpunkt der Kreditaufnahme:

Bank 98.000 und aRAP (Disagio) 2000 an Verbindlichkeiten gegenüber Kreditinstituten 100.000.

als Jahresabschlussbuchung bei bspw. vierjähriger Kreditlaufzeit:

Zinsaufwand 500 an aRAP (Disagio) 500.

Schreibe ich jetzt die Note sehr gut in meiner Prüfung?

Wenn Sie dieses Buch zur Hand genommen haben, um sich auf eine Prüfung in Buchführung an einer Schule oder Hochschule vorzubereiten, dann haben Sie jetzt eine gute Basis für Ihre Prüfung erlangt, immer unter der Voraussetzung, Sie beherrschen den Inhalt dieses Buches auch. Es ist keineswegs ausgeschlossen, dass Sie mit diesen Kenntnissen auch ein sehr gutes Ergebnis in Ihrer Prüfung erzielen können. Garantieren können wir dieses Ergebnis natürlich nicht, denn der geforderte Detaillierungsgrad des Buchführungswissens ist nicht in jeder Ausbildung oder jedem Studium gleich. Und natürlich kann es auch Fragestellungen geben, die wir inhaltlich mit diesem Buch nicht abdecken können.

Ziel dieses Buches ist es, Ihnen einen Einblick in die Thematik der Buchführung zu ermöglichen. Es gibt viele sehr gute Fachbücher, die Sie nutzen können, von denen sich dieses Buch bewusst dadurch unterscheidet, notwendiges Basiswissen kompakt und knapp zusammenzufassen. Die klassischen Fachbücher sind wesentlich ausführlicher, detailreicher und damit letztlich auch anspruchsvoller gestaltet. Am Ende wird es in der Prüfung auch darauf ankommen, dass Sie das hier erworbene Wissen anwenden können. Dazu ist es insbesondere erforderlich, die richtigen Konten für das Buchen der Geschäftsvorfälle zu identifizieren. An ein wenig Übung kommen Sie also nicht vorbei. Insofern ergänzt dieses Buch Ihre Vorbereitung auf die Prüfung und erleichtert Sie Ihnen hoffentlich auch. Denn um Übungsaufgaben erfolgreich lösen zu können, ist es zunächst einmal immer notwendig, die zugrunde liegende Thematik überhaupt verstanden zu haben. Und genau dazu wollen wir mit diesem Buch beitragen. Wir wünschen Ihnen für Ihr Vorhaben viel Erfolg!

S. Georg und L. J. Georg, *Einfach nur Buchführung*, essentials, https://doi.org/10.1007/978-3-658-48740-9_6

Was Sie aus diesem *essential* mitnehmen können

- Der Jahresabschluss umfasst zumindest Bilanz sowie Gewinn- und Verlust-rechnung, für die es vorgeschriebene Rechenvorschriften gibt.
- Die regelmäßige Buchführung ermöglicht eine präzise Ermittlung des unter-nehmerischen Erfolgs.
- Erfolgsneutrale und erfolgsrelevante Geschäftsvorfälle werden prinzipiell nach dem gleichen Konzept, der Soll-an-Haben-Buchung, erfasst.
- Zahlreiche Gesetze und Vorschriften begleiten Konzept und Technik der Buchführung.
- Die Erfassung und die Bewertung der Geschäftsvorfälle unterliegen dem Vorsichtsprinzip.

The manufacturer's authorised representative in the EU is Springer
Nature Customer Service Centre GmbH, Europaplatz 3, 69115 Heidelberg,
Germany. If you have any concerns regarding our products, please
contact ProductSafety@springernature.com

Printed and bound by CPI Group (UK) Ltd, Croydon, CR0 4YY
30/04/2026
02100209-0002